Conteúdo digital exclusivo!

Cadastre-se e transforme seus estudos em uma experiência única de aprendizado!

Acesse agora

Portal:
www.editoradobrasil.com.br/crescer

Código de aluno:
4929765A1345912

Lembre-se de que esse código é pessoal e intransferível. Guarde-o com cuidado, pois é a única forma de você utilizar os conteúdos do portal.

Márcia Hipólide • Mirian Gaspar

CRESCER
História

5º ano

Dados Internacionais de Catalogação na Publicação (CIP)
(Câmara Brasileira do Livro, SP, Brasil)

Hipólide, Márcia
  Crescer história, 5º ano / Márcia Hipólide, Mirian Gaspar. – 1. ed. – São Paulo : Editora do Brasil, 2018. – (Coleção crescer)

  Bibliografia.
  ISBN 978-85-10-06869-7 (aluno)
  ISBN 978-85-10-06870-3 (professor)

  1. História (Ensino fundamental) I. Gaspar, Mirian. II. Título. III. Série.

18-16756   CDD-372.89

Índices para catálogo sistemático:
1. História : Ensino fundamental 372.89
Maria Alice Ferreira - Bibliotecária - CRB-8/7964

1ª edição, 1ª impressão, 2018
Impresso no Parque Gráfico da Editora FTD

Rua Conselheiro Nébias, 887
São Paulo/SP – CEP 01203-001
Fone: +55 11 3226-0211
www.editoradobrasil.com.br

© Editora do Brasil S.A., 2018
Todos os direitos reservados

Direção-geral: Vicente Tortamano Avanso

Direção editorial: Felipe Ramos Poletti
Gerência editorial: Erika Caldin
Coordenação de arte: Cida Alves
Supervisão de revisão: Dora Helena Feres
Supervisão de iconografia: Léo Burgos
Supervisão de digital: Ethel Shuña Queiroz
Supervisão de controle de processos editoriais: Marta Dias Portero
Supervisão de direitos autorais: Marilisa Bertolone Mendes

Supervisão editorial: Priscilla Cerencio
Assistência editorial: Rogério Cantelli
Coordenação de revisão: Otacilio Palareti
Copidesque: Gisélia Costa e Ricardo Liberal
Revisão: Alexandra Resende, Andréia Andrade e Maria Alice Gonçalves
Pesquisa iconográfica: Priscila Ferraz e Odete Ernestina
Assistência de arte: Samira Souza
Design gráfico: Andrea Melo
Capa: Megalo Design e Patrícia Lino
Imagem de capa: Eber Evangelista
Ilustrações: Alex Argozino, André Flauzino, André Toma, Carlos Caminha, Hugo Araújo, Milton Rodrigues, Paula Haydee Radi, Rodval Matias e Ronaldo Barata
Produção cartográfica: DAE (Departamento de Arte e Editoração), Sonia Vaz
Coordenação de editoração eletrônica: Abdonildo José de Lima Santos
Editoração eletrônica: Nelson/Formato Comunicação
Licenciamentos de textos: Cinthya Utiyama, Paula Harue Tozaki e Renata Garbellini
Controle de processos editoriais: Bruna Alves, Carlos Nunes, Jefferson Galdino, Rafael Machado e Stephanie Paparella

Querido aluno,

Este livro foi feito para você!

Ele vai ajudá-lo a perceber o quanto você já sabe de sua história e da história de muitas outras pessoas.

É também um convite para que você descubra temas da História do Brasil e do mundo e depois pense e converse a respeito deles. Você entenderá a formação dos primeiros povos, as diferentes formas de organização política, as principais formas de religiosidade e o significado das linguagens na comunicação. Você refletirá sobre aspectos atuais relacionados ao desperdício de alimentos, à cidadania e aos direitos sociais e políticos.

E ainda saberá como os calendários e outras formas de medir o tempo histórico se desenvolveram. Perceberá também a importância da memória para que possamos conhecer o passado e compreender o presente.

Acreditamos que, por meio desta obra, contribuímos para que você se desenvolva como um cidadão cada vez mais participativo da construção de uma sociedade justa e igual para todos – especialmente para as crianças!

As autoras

Sumário

Unidade 1
A formação dos primeiros povos 7

Como os primeiros povos se formaram? 8
Da sedentarização à formação de povos 10
As marcas dos primeiros povos 12
  Isto é documento – A invenção do alfabeto 14
Agricultores e comerciantes 16
Os povos da África 18
Povos indígenas do Brasil 20
Os povos do litoral 21
  Leio e compreendo – Os tatus 22
  Giramundo – Desenhar e escrever na argila 24
Retomada 26
Periscópio 28

Unidade 2
Organizando a política ... 29

As primeiras formas de administrar 30
A primeira forma de governo 32
Organização política e desigualdades sociais 33
República: outra forma de governo 36
  Leio e compreendo – A fábula do cão e o lobo 38
Cada cidade, um Estado 40
  Isto é documento – Por que se formaram cidades-Estado? 41
O Brasil é uma democracia 44
  Giramundo – A Constituição e o meio ambiente 46
Retomada 48
Periscópio 50

Inshpulya/Shutterstock.com

Unidade 3
Cidadania e direitos.........51
Ser cidadão.......................................52
Conquistas históricas 56
   Leio e compreendo – Direito à cidadania 60
   Giramundo – Leis que são números...62
Retomada..64
Periscópio 66

Unidade 4
Diversidade e direitos 67
Diversidade natural........................68
Diversidade de pessoas no cotidiano 70
Pluralidade cultural 72
   Isto é documento – Diversidade dos povos indígenas 74
Todos os brasileiros.......................76
   Giramundo – Diversidade de riquezas...78
   Construir um mundo melhor – Igualdade para todos 80
Retomada..82
Periscópio 84

Unidade 5
Religiões e culturas antigas...........................85
As principais formas de religiosidade 86
Religião e cultura dos povos antigos 88
Deuses gregos................................90
   Leio e compreendo – Deuses com aparência humana.............................91

Religiões monoteístas 92
Religiões de matriz africana 94
Natureza sagrada para os povos indígenas..........................96
   Giramundo – Vamos combater a intolerância religiosa.......................98
Retomada...................................... 100
Periscópio 102

Unidade 6
O significado das linguagens na comunicação............. 103
Linguagem e comunicação..........104
Comunicação e organização social...106
A escrita e a organização política..108
Leis faladas e revolta social..........110
As linguagens da arte no tempo 112
   Leio e compreendo – Arte e inclusão social..............................114
   Giramundo – A linguagem dos mapas......................................116
Retomada.......................................118
Periscópio 120

Unidade 7
De olho no presente....... 121
Temos muito o que fazer 122
Visões sobre a fome..................... 124
Desperdício de alimentos 126
Criança e cidadania...................... 128
 Isto é documento – Direito
  não tem idade 130
 Construir um mundo melhor –
  Campanha contra o desperdício
  de alimentos na escola 132
 Giramundo – Diferentes
  maneiras de ver o Brasil 134
Retomada..................................136
Periscópio 138

Unidade 8
Tempo e memória..........139
O tempo cronológico 140
O tempo e a história.....................142
A contagem do tempo..................144
O calendário cristão......................146
 Isto é documento – Os
  períodos da História 148
Os monumentos e a memória.....150
 Leio e compreendo – Memórias
  do Brasil 152
 Giramundo – Mapa: tempo
  e memória 154
Retomada..................................156
Periscópio 158
Referências 159

UNIDADE 1
A formação dos primeiros povos

1. Com quais elementos culturais retratados nas imagens você se identifica?

Como os primeiros povos se formaram?

Um dos períodos mais importantes da história da humanidade está relacionado ao desenvolvimento da agricultura.

Há cerca de 12 mil anos, a atividade agrícola provocou mudanças no modo de vida de diversos grupos.

Vamos lembrar de alguns deles?

Observe a imagem.

Representação de uma comunidade agrícola no Período Neolítico.

1. Reúna-se com um colega e conversem sobre as alterações ocorridas na vida humana retratadas na imagem.

As primeiras regiões agrícolas

De acordo com diversas pesquisas, as principais mudanças provocadas pela agricultura ocorreram em uma região conhecida como Oriente Próximo.

Com o tempo, os conhecimentos de determinados agrupamentos humanos relacionados à atividade agrícola, à domesticação de animais e à produção de novos instrumentos foram se difundindo para outros grupos em diferentes lugares e momentos.

Mas onde fica o Oriente Próximo? Vamos descobrir!

Observe o mapa.

Oriente Próximo: divisão política (2016)

Fonte: *Atlas geográfico escolar*. 7. ed. Rio de Janeiro: IBGE, 2016. p. 49.

1. É correto afirmar que diversos agrupamentos humanos conheceram a agricultura em diferentes lugares e momentos? Justifique sua resposta.

_____

_____

_____

9

Da sedentarização à formação de povos

Com a ampliação do modo de vida sedentário, houve crescimento da população e aumento dos agrupamentos humanos.

Quanto mais aumentava o número de pessoas em cada agrupamento, mais alimentos eram necessários e, assim, o cultivo se expandia.

Há 6 mil anos, de acordo com pesquisas arqueológicas, os agrupamentos humanos que iniciaram a prática da agricultura se fixaram em regiões que atualmente correspondem a países como Iraque, Líbano, Israel, Irã e Egito.

Por meio dessas pesquisas, foi possível concluir que, por causa da agricultura, os seres humanos deixaram de ser totalmente dependentes das oscilações da natureza e passaram a interferir mais no meio natural, modificando as paisagens.

Paisagem natural.

Paisagem modificada.

A formação dos primeiros povos

Considerando o surgimento dos agrupamentos humanos, quando começaram a se formar os primeiros povos?

Para refletir sobre essa pergunta, é preciso compreender que, com o passar do tempo, os agrupamentos humanos das regiões retratadas no mapa da página 9 desenvolveram o próprio modo de vida.

Cada um deles criou formas diferentes de cultivo e comercialização de alimentos, de produção de instrumentos e ferramentas, de organização social, além de desenvolver hábitos e costumes próprios. Dessa forma, surgiram os primeiros povos que se fixaram no Oriente Próximo.

Cada **povo** falava a mesma língua e partilhava os mesmos hábitos e costumes. Com o tempo, esses elementos característicos dos diferentes povos foram se transformando em tradições e formando diversas culturas.

Cenas de agricultura pintadas na parede do túmulo de Nakht, em c. 1390 a.C. Tebas, Egito.

Povo: conjunto de habitantes de uma região ou país que falam a mesma língua e têm hábitos e costumes comuns.

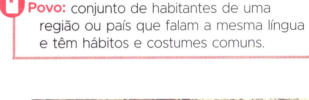

Relevo em pedra na Fortaleza de Sargão representa a deusa mesopotâmica Lamassu, c. 710 a.C. Khorsabad, Iraque.

Representação de um navio mercante fenício feito em relevo em pedra, c. 400 a.C.

1. Explique como ocorreu a formação dos primeiros povos.

_____

_____

As marcas dos primeiros povos

O modo de vida dos povos que formaram as primeiras **civilizações** é estudado por diversos pesquisadores por meio de documentos escritos e pelo conjunto de construções, objetos e artefatos – como armas e utensílios – encontrados nos lugares em que esses povos viveram.

> **Civilização:** conjunto de aspectos ligados à vida material, social e cultural de um período, de uma região ou de uma sociedade.

Observe as imagens.

Pirâmides de Gizé. Cairo, Egito.

Caldeirão fenício de prata com cenas de guerra gravadas, c. 650 a.C.

Manuscrito bíblico escrito no século II a.C. encontrado em Qumran, Israel.

A invenção e a importância da escrita

Uma das marcas dos povos que formaram as primeiras civilizações foi a invenção da linguagem escrita.

O primeiro tipo de escrita foi inventado há mais de 6 mil anos pelos povos sumérios que habitavam a atual região do Iraque. Utilizando estiletes, os sumérios escreviam em tabletes de argila que, em seguida, eram expostos ao sol até endurecer.

Esse tipo de registro ficou conhecido como escrita **cuneiforme**.

A escrita cuneiforme passou a ser usada por outros povos que habitavam a região, como egípcios, persas, fenícios e hebreus. Com o passar do tempo, esses povos desenvolveram outros tipos de escrita.

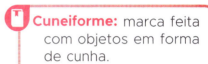
Cuneiforme: marca feita com objetos em forma de cunha.

No início, a escrita foi importante para registrar os produtos cultivados na agricultura, controlar as vendas ou trocas comerciais, escrever e preservar as leis etc.

Com o tempo, os povos que formaram as primeiras civilizações passaram a utilizar a escrita também para registrar novas ideias, fatos do dia a dia, histórias etc.

Tábua suméria com escrita cuneiforme, c. 3000 a.C.

1. Reúna-se com os colegas para conversar sobre a importância da escrita na vida de vocês.

13

A invenção do alfabeto

A escrita inventada pelos sumérios foi utilizada e adaptada por diversos povos de diferentes civilizações.

Composto de símbolos (desenhos e sinais), esse tipo de escrita não era prático para as pessoas usarem no dia a dia, pois era preciso criar centenas de símbolos para fazer os registros.

Foram os fenícios, povo que ocupava a atual região do Líbano, os responsáveis por inventar, há cerca de 4 mil anos, um tipo de escrita mais simples.

O comércio realizado com diferentes povos estimulou os fenícios a desenvolver outros métodos para registrar as transações comerciais. Em vez de expressar ideias por meio de símbolos, eles criaram desenhos que representavam sons da fala. Assim, surgiu o primeiro alfabeto. Bastava conhecer as letras e juntá-las para formar as palavras.

O alfabeto fenício deu origem a diversos outros alfabetos. Com o tempo, cada povo criou o próprio alfabeto, de acordo com a língua que falava.

Relevo em estela do rei Kilamuwa com textos em fenício, c. 900 a.C.

Observe o quadro com alguns alfabetos originados do alfabeto fenício.

Alfabetos								
fenício	grego antigo	grego clássico			latim	atual	
^	^	nome	maiúsculo	minúsculo	^	maiúsculo	minúsculo
K ⩜	Δ	alfa	A	α	A	A	a
9 9	S 8	beta	B	β	B	B	b
⌐	⌐	gama	Γ	γ	C G	C G	c g
◁ ◁	Δ	delta	Δ	δ	D	D	d
⋺ ⋺	⋺	epsilo	E	ε	E	E	e
Y	Y	digama	F		F	F	f
⊏ ⊏	I	zeta	Z	ʒ	Z	Z	z
⌑ ⌑	⊟	eta	H	h	H	H	h
⊗	⊗	teta	θ	ϴ			
⋜	⋜	iota	I	ι	I	I J	i j
⋏ Υ ⋎	⋏	capa	K	x	K		
⌐ ⌐ ⋎ ⌐	lambda	Λ	λ	L	L	l
m m	m	mi	M	μ	M	M	m
⌐ ⌐	⋎	ni	N	ν	N	N	n
⌒ ⌒ ⌒	⊥	xi ou czi	Ξ	ξ			
o o	O	ómicron	O	o	O	O	o
⌐ ⌐ ⌐	⌐	pi	Π	π	P	P	p
⋏ ⋏⋏	N	san	λ				
ϙ ϙ ϙ	ϙ	copa	Q		Q	Q	q
⌐	⌐	rô	P	ρ	R	R	r
w	Ʒ	sigma	Σ	σ	S	S	s
X	T	tau	T	τ	T	T	t
		ípsilon	Υ	υ	Y	U V	u v
		fi	Φ	φ			
		qui	X	x			
		psi	Ψ	ψ			
		ômega	Ω	ω			

Andre Toma

1. Escolha um dos alfabetos antigos e use-o para escrever seu nome e o nome de uma pessoa de sua família.

_____

_____

15

◆ Agricultores e comerciantes

A maioria dos povos que originaram as primeiras civilizações se dedicou à agricultura, ao comércio, à criação de animais, à produção de diversos objetos, à construção de monumentos, entre outras atividades.

Alguns deles, como os egípcios, se destacaram na agricultura; outros como os fenícios, conquistaram suas riquezas por meio do comércio.

Observe as imagens.

Os egípcios cultivavam principalmente cevada, trigo, legumes e árvores frutíferas. Cultivavam também uma planta usada na fabricação de uma folha conhecida como papiro.

A localização das cidades fenícias possibilitou que seus habitantes se dedicassem ao comércio marítimo. Hábeis navegadores, os fenícios cruzavam mares para comercializar medicamentos, especiarias, tecidos, tapetes, trigo, entre outros produtos.

A importância dos rios e dos mares

Nas imagens da página anterior, pudemos identificar duas das civilizações antigas: a egípcia e a fenícia.

Os antigos egípcios formaram sua civilização às margens do Rio Nilo, que fornecia água para abastecer toda a população, além de suas cheias serem fundamentais para a irrigação das terras ao redor, onde se praticava a agricultura.

Já os fenícios construíram sua civilização numa estreita faixa de terra em uma região montanhosa. Essas condições naturais reduziram as possibilidades de desenvolvimento da agricultura e da criação de animais. Entretanto, outras condições naturais favoreceram o desenvolvimento do comércio.

Das florestas da região, os fenícios extraíam o cedro, utilizado na construção de embarcações, e, como habitavam próximo ao Mar Mediterrâneo, puderam desenvolver o comércio marítimo.

A atividade comercial, ou seja, a compra e venda de produtos, propiciou a eles, principalmente, o contato com hábitos e costumes de outros povos.

Representação em baixo-relevo de uma galé (embarcação fenícia movida a remos) transportando madeira, século VIII a.C.

1. Que condição natural possibilitou o desenvolvimento dos egípcios?

_____

_____

2. Explique os motivos que possibilitaram o desenvolvimento comercial dos fenícios.

_____

_____

17

Os povos da África

Durante muito tempo, o continente africano foi considerado um espaço habitado por povos que falavam a mesma língua, tinham os mesmos hábitos e praticavam os mesmos costumes. Contudo, essa percepção não corresponde à diversidade e à complexidade do continente africano.

Pesquisas recentes comprovam que a África foi ocupada por diferentes povos, cada um com língua, tradições e modos de vida próprios. Essas diferenças permanecem até hoje.

Observe o mapa.

África (1500 a.C.)

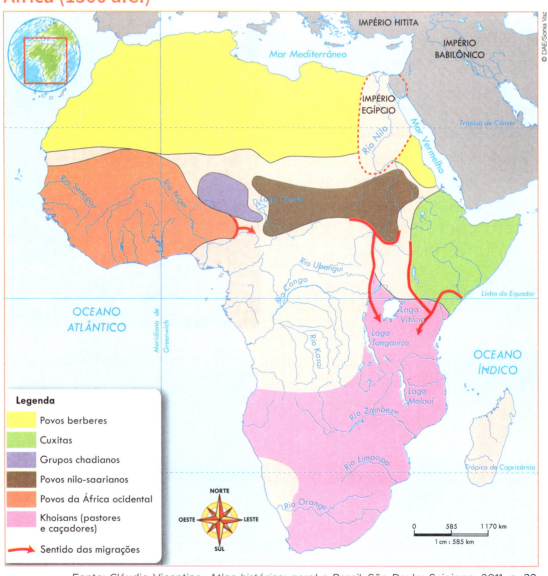

Fonte: Cláudio Vicentino. *Atlas histórico*: geral e Brasil. São Paulo: Scipione, 2011. p. 32.

Os povos edos do Benin

Vamos conhecer um pouco os povos edos que habitavam a região do Benin?

As atuais regiões de Benin, Angola, Congo, Moçambique, Nigéria e Costa do Marfim são alguns dos lugares de onde foram trazidos centenas de africanos para trabalharem como escravos no Brasil a partir de 1540.

Há mais de 10 mil anos, o Benin era habitado por povos chamados edos, que falavam a mesma língua e se destacavam na atividade comercial.

Durante muito tempo, a região do Benin foi o ponto de encontro de comerciantes que vendiam e compravam produtos de diversos outros povos que também ocupavam o continente africano.

Estatueta de bronze de um guerreiro edo com leopardo de caça. Benin, Nigéria, século XVI.

1. Com a ajuda do professor, você e dois colegas vão escolher um dos países africanos destacados no texto e descobrir como eles eram antes de 1540. Registrem as descobertas.

_____
_____
_____
_____
_____
_____

Povos indígenas do Brasil

Muito antes da chegada dos portugueses, em 1500, o território que atualmente corresponde ao Brasil era habitado por diversos povos indígenas.

Aqui desembarcaram, no início da colonização, portugueses acompanhados de outros viajantes europeus. Vindos de várias localidades da Europa, esses viajantes foram responsáveis por elaborar parte das informações, constituída de documentos escritos, sobre as sociedades indígenas daquela época.

Em muitos documentos, eles destacam a variedade de povos, línguas, costumes, rituais e modos de vida dos povos que habitavam a região.

Observe o mapa.

Brasil: grupos indígenas no início do século XVI

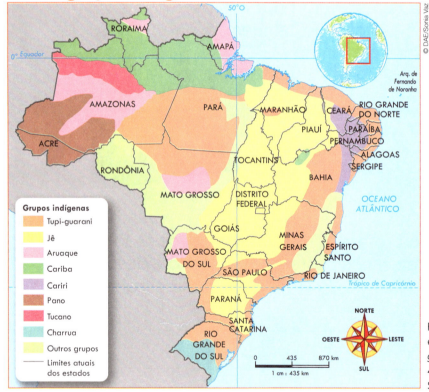

Fonte: Vera Caldini e Leda Ísola. *Atlas geográfico Saraiva*. 4. ed. São Paulo: Saraiva, 2013. p. 62.

1. Observe o mapa, leia a legenda e escreva o nome dos grupos indígenas que, no século XVI, habitavam o estado onde você mora atualmente.

_____

_____

Os povos do litoral

O mapa da página anterior retrata os diversos povos indígenas que viviam próximos ao litoral do atual Brasil.

Os potiguares, caetés, tupinambás, tamoios, tupiniquins e carijós pertenciam aos povos tupis-guaranis e falavam a língua tupi.

Já os goitacás, charruas, aimorés, puris e tremembés falavam outra língua.

Tupiniquim. Ilustração do livro *Trachtenbuch*, de Christoph Weiditz, c. 1530-1540.

Vista de uma cabana puri no Brasil, c. 1820. Litogravura de Gallo Gallina.

Muitos desses povos viviam da caça, da pesca e da coleta. Alguns deles cultivavam milho e mandioca.

Atualmente, diversos povos indígenas vivem em **terras indígenas**, que existem em quase todos os estados.

No litoral, a população indígena diminuiu bastante desde 1500, quando os portugueses chegaram ao Brasil, até os nossos dias.

1. Com a ajuda do professor, pesquise fotografias de cidades litorâneas brasileiras e, pela observação delas, dê um motivo que justifique a diminuição da população indígena.

Leio e compreendo

Os tatus

Quando chegaram ao Brasil, a partir do ano de 1500, muitos viajantes portugueses se dedicaram a escrever o que viam na natureza. Em seus relatos, descreveram plantas, rios, animais, entre vários outros elementos que encontraram por aqui.

Muitos animais que viviam no Brasil não eram conhecidos pelos portugueses, entre eles, o tatu.

Leia o relato de um viajante sobre o tatu.

[...] Uns bichos há nesta terra que também se comem e se têm pela melhor caça que há no mato.

Chamam-lhes tatus, são tamanhos como coelhos e têm um casco à maneira da lagosta como de cagado, mas é repartido em muitas juntas como lâminas; parecem totalmente um cavalo armado, têm um rabo do mesmo casco comprido, o focinho é como de leitão, e não botam mais fora do casco que a cabeça, têm as pernas baixas e criam-se em covas, a carne deles tem o sabor quase como de galinha. Esta caça é muito estimada na terra. [...]

Pero de Magalhães Gandavo. *Tratado da terra do Brasil*. Belém: Universidade da Amazônia, [s.d.]. Disponível em: <www.dominiopublico.gov.br/download/texto/ua000282.pdf>. Acesso em: 15 maio 2018.

1. A que o viajante se referia com a expressão "nesta terra"?
_____

2. Para que serviam os bichos descritos no texto?
_____

3. Observe a imagem do tatu e responda:
   a) Quais características do tatu descritas no texto correspondem à imagem?
   _____
   _____

   b) Quais características do tatu descritas no texto não correspondem à imagem?
   _____
   _____
   _____

4. De acordo com o texto, qual era a principal atividade de muitos viajantes portugueses que chegaram ao Brasil?
_____
_____
_____

5. O que esses viajantes descreveram em seus relatos?
_____
_____
_____
_____

Giramundo

Desenhar e escrever na argila

A História é contada pelos povos de diversas maneiras: por meio de desenhos e pinturas em cavernas, tabletes de argila, pedras, papéis, livros e vários outros recursos.

Nesta unidade analisamos como os sumérios inventaram a escrita e também vimos que faziam seus registros em tabletes de argila.

Com o tempo, muitos objetos feitos de argila foram encontrados pelos arqueólogos. A argila era usada também nas esculturas e na fabricação de potes para o armazenamento de grãos e o transporte de água.

Observe as imagens.

Escultura de argila do deus mesopotâmico Lahmu, divindade protetora e benéfica da cidade de Nínive, c. 911 a.C.-612 a.C.

Tablete de argila com inscrição do nome do rei Shamshi-Addad, c. 1800 a.C. Deir Zor, Síria.

Agora você e mais um colega vão desenhar e escrever em um tablete de argila.

Material:
- 2 tabletes de argila;
- 2 palitos de churrasco;
- tinta guache.

Modo de fazer

1. Cada um deve ter um tablete de argila e um palito de churrasco para desenhar e escrever nele.
2. Definam quem vai desenhar e quem vai escrever.
3. Quem for desenhar, deve fazer um rio e pessoas cultivando plantações nas proximidades dele.
4. Após finalizar o desenho, deve mostrá-lo ao colega que irá escrever.
5. Quem for escrever, deve observar o desenho e registrar em seu tablete de argila as informações que observou.
6. Pintem os tabletes com as cores da preferência de cada um.
7. No dia marcado pelo professor e seguindo as orientações dadas por ele, apresentem os tabletes aos colegas.

1. As primeiras regiões agrícolas estavam localizadas:
   - [ ] na África.
   - [ ] no Oriente Próximo.
   - [ ] no Brasil.

2. Qual é o significado da palavra **civilização**?

3. Como foi possível conhecer as características do modo de vida dos povos que formaram as primeiras civilizações?

4. Qual é a importância da escrita para as primeiras civilizações?

5. Qual é a relação entre o desenvolvimento comercial dos fenícios e a criação do alfabeto?

_____

_____

_____

_____

6. Como era o alfabeto fenício?

_____

_____

7. Escreva **V** para as frases verdadeiras e **F** para as falsas.

☐ Cada uma das primeiras civilizações tinha o próprio modo de vida.

☐ O continente africano foi formado por diferentes povos que falavam a mesma língua e tinham hábitos e costumes semelhantes.

☐ A atividade agrícola causou mudanças no modo de vida de diversos agrupamentos humanos.

☐ Os diferentes agrupamentos humanos e as diversas habilidades características de cada grupo deram origem às primeiras civilizações.

8. Qual característica das populações que vivem no continente africano foi marcante no surgimento dos primeiros povos e permanece até hoje?

_____

_____

Periscópio

Para ler

Pequenas histórias de plantar e de colher, de Ruth Helena Bellinghini. São Paulo: FSC, 2013.
Por meio de ilustrações, o livro conta a história da agricultura e da pecuária, desde a descoberta de como cultivar os grãos até a transformação nas técnicas de cultivo.

O livro das origens, de José Arrabal. São Paulo: Paulinas, 2001.
O livro reúne uma série de mitos sobre a origem do mundo, de diversas regiões do Brasil e da África.

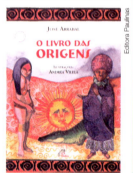

UNIDADE 2
Organizando a política

1. O título da unidade é a pista para completar a seguinte frase:

Uma das formas de organizar a sociedade é por meio da _____.

As primeiras formas de administrar

Uma das formas de compreender o funcionamento das primeiras civilizações é pensar sobre estas questões:
- Como se organizava cada povo?
- Havia um governo?
- Se havia, quem eram os representantes desse governo?

Vimos que as primeiras civilizações desenvolveram a escrita de acordo com a língua que falavam, além de constituírem seus próprios hábitos e costumes. Ao mesmo tempo, criaram formas de administrar a vida em grupo, formulando leis e estabelecendo regras.

Todos esses elementos foram fundamentais para a criação das primeiras formas de organização política.

Observe as imagens.

Vista do Templo de Hefesto em Atenas, Grécia, construído no século V a.C.

Estátua do faraó Ramsés II (1290-1224 a.C.), esculpida há mais de 3 mil anos.

Vista de parte das ruínas do Fórum Romano. Roma, Itália.

O Estado e o governo

As primeiras formas de organização política surgiram há cerca de 5 mil anos. A necessidade de organização política deu origem ao Estado.

Mas o que é Estado? Como ele funciona?

O Estado é a unidade administrativa de um território. Ele é formado por várias **instituições**, entre elas as que elaboram as leis, as que zelam para que as leis sejam cumpridas e as que executam as leis.

Fachada da Assembleia Legislativa de Tocantins. Palmas, Tocantins, 2015.

O governo também é uma instituição do Estado. Por meio de seus representantes, uma parte deles eleita pela população, o governo administra as demais instituições do Estado de acordo com as leis.

Instituição: neste caso, organismo responsável por representar a população e atender às necessidades dela.

1. Escreva um texto no caderno que explique o que faz o governo de um país. Utilize algumas das palavras do quadro a seguir.

Estado	governo	responsável
organização	política	administração

2. Com a ajuda do professor, acesse o *site* do município onde você mora e pesquise como a área da educação é administrada. Registre a resposta.

_____
_____
_____
_____

A primeira forma de governo

As primeiras civilizações desenvolveram uma forma de governo: a monarquia.

A monarquia foi a forma de governo que predominou em civilizações como a dos sumérios, egípcios, hebreus e gregos.

Nas monarquias, o chefe de Estado era o rei, também chamado de monarca.

Como chefe de Estado, o rei tinha controle sobre o que era cultivado e comercializado, além de ser o chefe do exército. Toda a população devia obediência ao rei e às leis criadas por ele.

COMO REI, EU ELABORO AS LEIS. ALÉM DISSO, SOU O CHEFE DO EXÉRCITO E CONTROLO O MODO DE VIDA DOS MEUS SÚDITOS.

1. Explique quem era o governante nas monarquias e como ele governava.

_____

_____

_____

2. Com a ajuda do professor, você e alguns colegas farão uma pesquisa para descobrir o nome de cinco países que adotam a monarquia como forma de governo em diferentes regiões do mundo. Registrem a informação no caderno.

Organização política e desigualdades sociais

Nos primeiros agrupamentos humanos, os membros do grupo caçavam e coletavam para garantir a sobrevivência de todos.

Não havia o proprietário de terra, e tudo que era cultivado pertencia a todos que viviam na comunidade.

Representação dos primeiros agrupamentos humanos formados por caçadores e coletores.

A criação do Estado e as diferentes formas de governo possibilitaram o surgimento das desigualdades sociais. Com o passar do tempo, a terra deixou de pertencer ao grupo e passou a ser posse de algumas pessoas que reivindicavam o direito sobre elas.

Essas pessoas passaram a compor o governo e a ter direitos, como criar leis e cobrar impostos daqueles que não tinham terra. Com o tempo, a desigualdade social entre os diversos grupos aumentou, porque a maior parte da população passou a ser dominada por grandes proprietários de terras que se tornaram governantes.

1. Como era o uso da terra nas primeiras comunidades humanas?

_____
_____
_____
_____

A origem das desigualdades

Como as comunidades humanas se tornam socialmente desiguais?

Pesquisas feitas por diferentes estudiosos destacam que as desigualdades sociais surgiram no momento em que ocorreram mudanças nas comunidades agrícolas.

O aumento da população, a ampliação da produção de alimentos e a necessidade de controle sobre a vida das pessoas com a criação de leis foram algumas dessas mudanças.

De acordo com as pesquisas, o controle da produção e a criação das leis, por exemplo, ficaram sob a responsabilidade das famílias que ocupavam havia mais tempo o lugar onde a comunidade estava estabelecida.

Além desse controle, essas famílias passaram a controlar os espaços onde havia as terras mais férteis. As demais famílias se apropriaram das terras menores e menos férteis, gerando uma diferença inexistente até então.

As famílias que chegavam quando a comunidade já estava organizada não tinham o direito de se apropriar das terras, passando a trabalhar nas terras dos proprietários.

1. De acordo com o texto, é possível afirmar que:

☐ não houve nenhuma mudança nas comunidades agrícolas que justificasse o surgimento das desigualdades sociais.

☐ o aumento da população nas comunidades agrícolas foi uma das mudanças que contribuiu para o surgimento de desigualdades sociais.

☐ as famílias mais antigas da comunidade não tinham nenhum privilégio.

☐ as famílias que ocupavam há mais tempo um lugar na comunidade tinham as melhores terras e, também, o controle da produção e o poder de criar leis.

☐ a desigualdade social surgiu quando as famílias que chegaram depois de as comunidades já estarem estabelecidas tinham que trabalhar nas terras de outras pessoas.

No tempo dos faraós

Há cerca de 5 mil anos, a forma de governo no Egito era a monarquia.

O responsável por governar a sociedade egípcia era o faraó. Considerado a autoridade máxima, ele comandava o Estado, determinava e aplicava as leis, controlava a agricultura, o comércio e o exército. Além disso, era considerado um ser divino, visto como deus pelos súditos.

Mas o faraó não governava sozinho, pois contava com o auxílio de conselheiros e chefes militares, entre outros funcionários.

A sociedade egípcia era dividida em grupos. Os camponeses compunham a maior parte da população e eram os responsáveis pela produção agrícola, além da prestação de serviços na construção de obras públicas.

Havia também os escravos, grupo formado por homens, mulheres e crianças dos povos que os egípcios derrotavam nas guerras ou por pessoas que não pagavam os impostos.

Escultura que representa o faraó Miquerinos entre as deusas Hator e Anput, c. 2500 a.C.

1. Qual era a diferença entre a função do faraó e a dos camponeses no Egito Antigo?

_____

_____

_____

República: outra forma de governo

Há cerca de 2 500 anos, a civilização romana era formada por um povo que falava a mesma língua e tinha hábitos e costumes comuns.

A sociedade era hierarquizada, e havia divisão social entre ricos e pobres.

Os ricos, conhecidos como patrícios, eram os grandes proprietários de terra. Eles detinham o poder econômico, político e religioso.

Já os pobres eram os chamados plebeus, grupo formado por homens livres, geralmente pequenos comerciantes, artesãos e camponeses, que trabalhavam nas terras dos patrícios.

A forma de governo utilizada pelos romanos nesse período era a república.

Vamos descobrir o que é uma república? Observe a imagem.

República para os patrícios

A República Romana era formada por três instituições: o Senado, a Magistratura (juízes ou magistrados) e as Assembleias.

O Senado e a Magistratura eram compostos de membros das famílias patrícias. Já as Assembleias era uma comissão formada por patrícios e plebeus enriquecidos.

A maioria dos plebeus não participavam da vida política e não tinham direitos. Suas necessidades não eram consideradas pelos senadores e magistrados.

As leis criadas pelos senadores eram orais, conhecidas apenas pelos magistrados, e atendiam aos interesses dos patrícios.

A República Romana não foi um período exclusivamente pacífico. Houve várias revoltas organizadas pelos plebeus contra o governo, nas quais exigiam direitos políticos que pudessem garantir melhores condições de vida.

Observe nas imagens alguns dos direitos exigidos pelos plebeus.

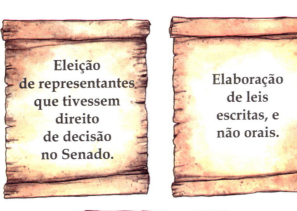

1. Escolha uma das imagens e crie um texto no caderno que explique a importância do direito expresso nela para ampliar a participação dos plebeus na política da República Romana.

Leio e compreendo

A fábula do cão e o lobo

Durante o período em que Roma era uma república, os romanos travaram várias guerras para conquistar outros povos.

Com as vitórias romanas, parte da população derrotada era levada a Roma para trabalhar como escrava nas terras e nas casas dos patrícios.

Em troca do trabalho, o escravo recebia alimentação, roupas e lugar para dormir.

A chegada dos escravos ocasionou o desemprego de diversos plebeus, que também perdiam suas moradias e recursos para alimentação.

O texto a seguir é uma fábula popular, criada há mais de 2 500 anos, atribuída ao escritor grego Esopo.

O cão e o lobo

Certa noite, um lobo e um cão se encontraram. O lobo, admirando a aparência saudável do cão, disse:

– Tenho inveja de te ver assim bem tratado, elegante e com o pelo brilhando. Na floresta eu ando esfomeado e sujo.

O cão respondeu:

– Se vier comigo, você também será bem alimentado e ficará gordo como eu. Meu dono cuida bem de mim e não me deixa ficar sem comida. Meu único trabalho é latir à noite, se perceber algum intruso.

O lobo, que estava cansado de caçar sua própria comida na floresta, gostou da ideia e seguiu caminho junto com o cão.

Em dado momento, o lobo perguntou ao cão:

– Amigo, teu pescoço está todo ferido. O que é isso?

O cão respondeu:

– Não é nada. É que durante o dia meu dono me prende por esta coleira a uma corda para que eu não morda as pessoas da casa. Se eu tento escapar, a coleira esfola meu pescoço e eu perco um pouco de sangue. Mas à noite me soltam e eu posso aproveitar até de manhã.

O lobo, assustado, preferiu desistir da proposta e disse ao cão:

– Obrigado, mas eu prefiro trabalhar para conseguir minha comida e viver na floresta em liberdade.

Fábula de Esopo.

1. O que é uma fábula?

_____

_____

_____

_____

2. Compare a fábula com a sociedade romana durante o período da república e responda:

   a) Que personagem representa a condição social dos plebeus?

   ☐ Cão.   ☐ Lobo.

   b) Que personagem representa a condição social dos escravos?

   ☐ Cão.   ☐ Lobo.

3. Grife de **azul** os trechos da fábula que explicam as condições sociais dos plebeus.

4. Grife de **vermelho** os trechos da fábula que explicam as condições sociais dos escravos.

Cada cidade, um Estado

Você já ouviu falar na Grécia? A Grécia é um país localizado na Europa e foi uma das civilizações antigas que desenvolveu formas de organização política.

Há cerca de 3 mil anos, os povos que deram origem à civilização grega estavam divididos em cidades-Estado.

Cada cidade-Estado tinha governo próprio, seu conjunto de leis, seu modo de administrar a sociedade.

Grécia: principais cidades-Estado

Embora estivessem organizados politicamente de maneira independente, os habitantes de todas as cidades-Estado falavam a mesma língua e tinham a mesma religião.

Fonte: *Atlas historique du monde: des origines de l'humanité à nos jours.* Bath/Toulousse: Parragon/InTexte, 2006. p. 46-47.

1. Reúna-se com um colega, observem o mapa e identifiquem o nome de uma cidade-Estado grega de que vocês já saibam algo. Escrevam o nome dela e citem de onde vocês a conhecem.

_____

_____

_____

40

Isto é documento

Por que se formaram cidades-Estado?

Há várias pesquisas que buscam explicar os motivos que levaram os gregos a se organizar politicamente em cidades-Estado.

Algumas delas apontam para as condições geográficas.

O espaço em que se estabeleceram os povos que formaram a civilização grega apresentava diferentes formas de relevo. A presença de muitas montanhas, por exemplo, foi responsável por isolar os povos que chegaram à região e fundaram as primeiras comunidades.

Observe as imagens.

Vista panorâmica de Atenas com destaque para o Palácio Real. Gravura de Pierron publicada no *Journal Universel*, Paris, 1863.

Ruínas de antigo teatro de Esparta, Grécia, 2013.

1. Os elementos geográficos retratados nas imagens contribuem para comprovar as pesquisas que relacionam a formação das cidades-Estado às condições geográficas? Justifique sua resposta.

_____
_____
_____

41

Democracia em Atenas

Diversos elementos que conhecemos atualmente surgiram há mais de 2 mil anos na civilização grega.

Alguns desses elementos são a democracia, o teatro e as olimpíadas.

A democracia, por exemplo, surgiu em Atenas, que era uma das cidades-Estado da Grécia.

Você já ouviu falar em democracia? Sabe o que isso significa?

E a democracia grega? Vamos descobrir como ela era!

1. Ao observar a imagem é possível identificar a diferença entre a definição de democracia e como ela funcionava em Atenas. Pinte os dois balões que retratam essa diferença.

42

Democracia para o cidadão

A cidade-Estado de Atenas era dividida em três grupos: os cidadãos – pessoas nascidas na cidade –, os estrangeiros, também chamados de metecos, e os escravos.

Na maioria, os escravos eram prisioneiros de guerra e responsáveis por diversos tipos de trabalho. Eles trabalhavam na agricultura, nas casas dos cidadãos e dos metecos, na construção de obras da cidade, entre outros locais.

Possuir escravo era demonstração de riqueza e possibilitava aos cidadãos mais tempo livre para participar da política.

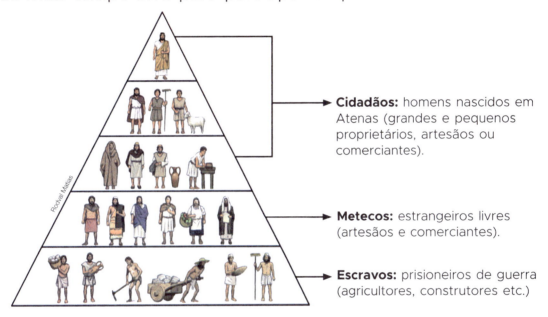

Cidadãos: homens nascidos em Atenas (grandes e pequenos proprietários, artesãos ou comerciantes).

Metecos: estrangeiros livres (artesãos e comerciantes).

Escravos: prisioneiros de guerra (agricultores, construtores etc.)

Durante esse período, a forma de governo em Atenas era a democracia, em que os cidadãos eram os responsáveis por governar a região. Não havia eleição, e os governantes eram escolhidos por sorteio.

Para ser considerado cidadão, era necessário ser homem nascido na cidade, filho de pai e mãe ateniense e ter mais de 18 anos de idade.

Qualquer cidadão podia fazer parte do governo e participar da vida política. Só os estrangeiros, as mulheres e os escravos não tinham direitos políticos e não participavam do governo.

1. Quem era considerado cidadão em Atenas?

O Brasil é uma democracia

O Brasil é, desde o ano de 1889, uma República Federativa.

Atualmente, o país é dividido em 26 estados e o Distrito Federal, onde fica a capital, Brasília.

Em Brasília, está localizada a sede do governo brasileiro, representado por três poderes.

Observe as imagens.

Palácio do Planalto. Brasília, Distrito Federal, 2017.

Congresso Nacional. Brasília, Distrito Federal, 2016.

Supremo Tribunal Federal. Brasília, Distrito Federal, 2017.

A atual democracia brasileira

A política praticada no Brasil é a democracia.

Na democracia brasileira, todas as pessoas adultas que têm nacionalidade brasileira e Título de Eleitor podem, a partir dos 16 anos de idade, escolher seus representantes políticos por meio de eleição.

Os representantes políticos precisam governar o país obedecendo à Constituição, que é o conjunto de leis que garantem os direitos e definem os deveres de todos os cidadãos.

A atual Constituição brasileira foi **promulgada** em 1988. Chamada de Constituição Cidadã, ela declara que somos todos iguais perante a lei e que todos temos direito à liberdade de pensamento, de expressão e de religião.

Promulgar: aprovar, publicar.

Muitas das leis que constam na atual Constituição brasileira são conquistas de diversos setores da população.

Capa da Constituição do Brasil, promulgada em 1988.

A Constituição e o meio ambiente

Na atual Constituição brasileira há leis que protegem o meio ambiente.

Diversos grupos sociais organizaram-se e pressionaram para que essas leis fossem criadas. Esses grupos eram movidos pela defesa do meio ambiente e tinham como base o seguinte princípio: proteger o meio ambiente significa proteger a preservação da própria espécie humana.

Observe as imagens.

Floresta Amazônica. Amazonas, 2017.

Parque Estadual do Caracol. Canela, Rio Grande do Sul, 2016.

Área rural de São Roque de Minas, Minas Gerais, 2017.

1. Reúna-se com os colegas e leiam a seguir o trecho da Constituição do Brasil de 1988 atentando-se para os seguintes pontos:
   - o que é destacado como proteção ambiental;
   - as ações consideradas crimes ambientais;
   - as punições relacionadas a crimes ambientais.

O artigo 225 da Constituição Federal estabelece que:

Art. 225. Todos têm direito ao meio ambiente ecologicamente equilibrado, bem de uso comum do povo e essencial à sadia qualidade de vida, impondo-se ao Poder Público e à coletividade o dever de defendê-lo e preservá-lo para as presentes e futuras gerações.

§ 1º – Para assegurar a efetividade desse direito, incumbe ao Poder Público:

I – preservar e restaurar os processos ecológicos essenciais e prover o manejo ecológico das espécies e ecossistemas;

[...]

IV – exigir, na forma da lei, para instalação de obra ou atividade potencialmente causadora de significativa **degradação** do meio ambiente, estudo prévio de impacto ambiental [...];

[...]

VI – promover a educação ambiental em todos os níveis de ensino e a conscientização pública para a preservação do meio ambiente;

VII – proteger a fauna e a flora, **vedadas**, na forma da lei, as práticas que coloquem em risco sua função ecológica, provoquem a extinção de espécies ou submetam os animais a crueldade.

§ 2º – Aquele que explorar recursos minerais fica obrigado a recuperar o meio ambiente degradado, de acordo com solução técnica exigida pelo órgão público competente, na forma da lei.

§ 3º – As condutas e atividades consideradas **lesivas** ao meio ambiente sujeitarão os infratores [...] a sanções penais e administrativas [...].

§ 4º – A Floresta Amazônica brasileira, a Mata Atlântica, a Serra do Mar, o Pantanal Mato-Grossense e a Zona Costeira são patrimônio nacional, e sua utilização far-se-á, na forma da lei, dentro de condições que assegurem a preservação do meio ambiente, inclusive quanto ao uso dos recursos naturais.

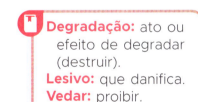

Degradação: ato ou efeito de degradar (destruir).
Lesivo: que danifica.
Vedar: proibir.

Disponível em: <www.senado.gov.br/atividade/const/con1988/CON1988_05.10.1988/art_225_.asp>. Acesso em: 15 maio 2018.

2. Agora, seguindo a orientação do professor, organizem um debate e reflitam sobre a eficácia dos pontos defendidos pela lei.

Retomada

1. Como surgiram as primeiras formas de organização política?

_____

_____

_____

2. Marque um **X** nas funções das instituições que compõem o Estado.

☐ Criar as leis.

☐ Zelar para que as leis sejam cumpridas.

☐ Cuidar do dinheiro.

☐ Executar as leis.

3. Circule as afirmações relacionadas à forma de governo monárquico.

O rei é o chefe do exército.

O rei é eleito pelo povo.

O rei controla a vida de todos.

O rei cria as leis.

4. Explique o que é uma república.

_____

_____

_____

_____

48

5. Escreva **V** para as frases verdadeiras e **F** para as falsas.

☐ Os povos que deram origem à civilização grega estavam divididos em cidades-Estado.

☐ As cidades-Estado estavam organizadas da mesma forma e partilhavam o mesmo governo.

☐ Todas as cidades-Estado tinham seu próprio governo.

6. Como funcionava o governo nas cidades-Estados da Grécia Antiga?

_____
_____
_____

7. Cite duas características da democracia na cidade-Estado de Atenas no passado.

_____
_____
_____
_____

8. Qual é a principal diferença entre a democracia ateniense no passado e a atual democracia brasileira?

_____
_____
_____
_____
_____

Periscópio

📖 Para ler

A democracia pode ser assim, de Equipo Plantel. São Paulo: Boitatá, 2015.
O livro aborda os modos pelos quais as pessoas se relacionam em sociedade e temas como democracia, regras e leis, a importância dos partidos políticos, as eleições, o direito a voto, questões sociais e direitos humanos.

História do mundo para as crianças, de Monteiro Lobato. São Paulo: Globinho, 2015.
Os personagens do Sítio do Pica-Pau Amarelo viajam pela Antiguidade para narrar a história de antigas civilizações.

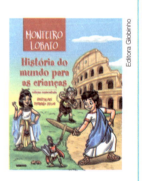

👆 Para acessar

Turminha do MPF – Assunto de gente grande para gente pequena: nesse portal, crianças de diferentes idades podem ter acesso às funções e ações do Ministério Público Federal. Diversos materiais, como cartilhas, jogos e vídeos, são oferecidos gratuitamente para que todas as crianças obtenham orientações sobre cidadania e como ser cidadão participativo na sociedade.
Disponível em: <www.turminha.mpf.mp.br>. Acesso em: 15 maio 2018.

Plenarinho – O jeito criança de ser cidadão: nesse portal, as crianças têm acesso à Câmara dos Deputados e podem compreender como se cria e aprova ou não os projetos de leis que impactam nos direitos e deveres de todos os cidadãos. Diversos materiais, como cartilhas, jogos e vídeos, estão disponíveis gratuitamente.
Disponível em: <https://plenarinho.leg.br/>. Acesso em: 15 maio 2018.

UNIDADE 3
Cidadania e direitos

1. Quais são os elementos relacionados ao título da unidade que estão retratados na cena?

Ser cidadão

Você já refletiu sobre o que é ser cidadão na sociedade atual?

Um dos significados da palavra **cidadão** refere-se à pessoa que vive na cidade e convive em sociedade.

Em países democráticos, por exemplo, o conceito de cidadão é amplo e abrange homens, mulheres, crianças e idosos. Todas essas pessoas têm direitos políticos, sociais e civis garantidos por lei.

Mas o que são direitos políticos, sociais e civis? Observe as imagens, leia as legendas e identifique alguns deles.

Indígenas participam de audiência pública na Câmara dos Deputados. Brasília, Distrito Federal, 2015.

Recepção do Hospital Regional do Gama. Brasília, Distrito Federal, 2015.

1. Classifique as frases a seguir de acordo com a legenda.

    P Direitos políticos

    S Direitos sociais

    C Direitos civis

    ☐ São direitos ligados à vida, às liberdades individuais e de expressão.

    ☐ São direitos fundamentais de todo cidadão, como educação, saúde, alimentação, segurança etc.

    ☐ São direitos ligados à participação das pessoas nas decisões do governo.

Nem sempre é assim...

Em diversos lugares do mundo, tanto no passado como no presente, é possível identificar situações em que os direitos políticos, sociais e civis não foram e não são garantidos a todas as pessoas.

Você já estudou que há mais de 2500 anos, em Atenas, dois dos requisitos para ser considerado cidadão eram ser homem e ter nascido na cidade.

No Brasil e em diversos outros países, as mulheres não foram consideradas cidadãs durante muitos anos e vários direitos não eram garantidos a elas.

Observe as imagens e conheça alguns exemplos de direitos não aplicados a todas as pessoas em diferentes épocas.

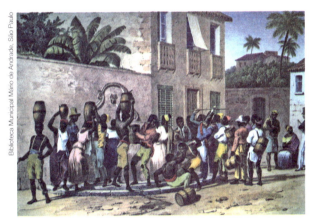

Johann Moritz Rugendas. *Aguadeiros*, 1835. Gravura que retrata a escravidão no Período Imperial.

Participantes do I Congresso Internacional Feminista, que iniciou a campanha pelo voto feminino no Brasil em 1922.

Acampamento de refugiados em Idomeni, Grécia, 2016.

1. Identifique nas imagens elementos que representam a ausência de cidadania.

53

Direitos individuais

Os direitos políticos, sociais e civis podem ser individuais.

Por exemplo, o direito à vida, à liberdade de expressão, de ir e vir, de escolher representantes políticos (prefeito, vereadores, governador, presidente etc.) são direitos de cada cidadão.

Criança faz refeição.

Mulher em biblioteca.

Criança toma vacina.

Idoso e jovens se divertem.

1. Quais são os direitos individuais retratados nas imagens?
_____
_____

2. Explique a importância, para sua vida, de cada um dos direitos retratados nas imagens.
_____
_____
_____
_____

Direitos coletivos

Há também direitos que são coletivos. Os direitos coletivos são conquistas de grupos que foram reconhecidas por lei.

Mas a conquista de direitos não significa que eles sejam aplicados. Por isso, muitos desses grupos se organizam, alertam a sociedade, pressionam o poder público e reivindicam de diversas formas a aplicação e a manutenção dos direitos conquistados.

Observe nas imagens alguns desses grupos.

Celebração na Comunidade Negra dos Arturos. Contagem, Minas Gerais.

Reunião de mulheres para discutir direitos humanos. Porto Alegre, Rio Grande do Sul.

Assentamento de agricultores. Lajes, Rio Grande do Norte.

Idosos em aula de *surf*. Santos, São Paulo.

1. Com a orientação do professor, escolha um dos grupos retratados nas imagens e pesquise como esse grupo conquistou direitos ao longo do tempo. Registre a pesquisa no caderno.

Conquistas históricas

Os direitos individuais e coletivos são conquistas alcançadas ao longo da história.

Durante anos, homens e mulheres reivindicaram direitos, buscando melhores condições de vida. Muitos desses direitos foram conquistados, transformados e aplicados devido à persistência de pessoas que acreditavam que a ideia de cidadania deveria ser mais ampla e contemplar os demais grupos da sociedade. Observe um exemplo:

Menino trabalha em fábrica. Augusta, Geórgia (EUA), 1909. Até o ano de 1959, crianças de diferentes regiões do mundo trabalhavam em várias atividades e não tinham direitos garantidos.

Após a luta de muitos adultos, foi criada a Declaração Universal dos Direitos da Criança, em 1959. Um dos artigos da Declaração estabelece que o trabalho infantil deve ser proibido em qualquer país.

Crianças trabalham em rua de Brasília. Distrito Federal, 1970. A Declaração Universal dos Direitos da Criança não garantiu que esses direitos fossem aplicados, e muitos municípios brasileiros continuaram usando o trabalho infantil em diferentes tarefas.

No ano de 1990, foi criado o Estatuto da Criança e do Adolescente (ECA). As crianças e os adolescentes brasileiros passaram a ter direitos garantidos e o trabalho infantil foi proibido em qualquer município do país.

1. De acordo com as imagens e as legendas, os direitos das crianças sempre existiram?

☐ Sim.   ☐ Não.

2. Escreva **V** nas frases verdadeiras e **F** nas falsas.

☐ O trabalho infantil não existia em outros lugares do mundo.

☐ As crianças não tinham direitos estabelecidos antes de 1959.

☐ A Declaração Universal dos Direitos da Criança acabou com o trabalho infantil no Brasil.

☐ O Estatuto da Criança e do Adolescente (ECA) garante direitos às crianças e aos adolescentes brasileiros.

☐ O trabalho infantil é proibido no Brasil atualmente.

3. Represente com um desenho um direito que você considera que toda criança deva ter.

Para saber mais

A Constituição e o cidadão

Todos os cidadãos e cidadãs são protegidos por leis reunidas em um documento chamado Constituição.

Conforme já mencionamos, a Constituição é um conjunto de leis que garantem os direitos e os deveres dos cidadãos de um país. Essas leis são as mais importantes e devem ser seguidas por todas as pessoas.

Os governantes de um país democrático, por exemplo, precisam governar obedecendo à Constituição. Ela é uma das referências adotadas pelos governos para o estabelecimento de políticas em benefício da sociedade.

A Constituição brasileira vigente assegura direitos em vários setores da sociedade. As leis que dela constam têm um número e a data em que foram promulgadas.

O Brasil já teve oito Constituições desde a Declaração de Independência, em 1822. A atual foi publicada oficialmente em 5 de outubro de 1988. Ela é chamada por muitas pessoas de "Constituição Cidadã".

Aprovação da nova Constituição no Congresso Nacional. Brasília, Distrito Federal, 5 out. 1988.

Parte dos direitos garantidos pela Constituição de 1988 não são respeitados. Por isso, diversos setores da sociedade continuam organizando-se para que esses direitos se tornem realidade e novas leis sejam implementadas a fim de tornar a sociedade cada vez mais justa.

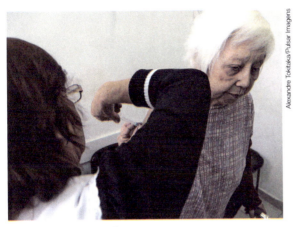
Idosa toma vacina.

Alunos assistem à aula em escola pública.

Cientista trabalha em laboratório.

Indígenas do povo kayapó participam de ritual.

1. Quais direitos retratados nas imagens são respeitados em sua comunidade?

_____

_____

2. E que outros direitos, não retratados nas imagens, são respeitados em sua comunidade?

_____

_____

_____

59

Leio e compreendo

Direito à cidadania

Os direitos dos cidadãos devem ser garantidos e respeitados todos os dias. Além disso, é fundamental que as pessoas também cumpram seus deveres para que todos possam conviver em harmonia.

Leia o texto a seguir.

Direito de ter direitos

É muito importante entender bem o que é cidadania.

Trata-se de uma palavra usada todos os dias, com vários sentidos. Mas hoje significa, principalmente, o direito de viver decentemente.

Cidadania é o direito de ter uma ideia e poder expressá-la. É poder votar em quem quiser [...]. É devolver um produto estragado e receber o dinheiro de volta. [...] É respeitar o sinal vermelho no trânsito, não jogar papel na rua, não destruir telefones públicos.

Gilberto Dimenstein. *O cidadão de papel:* a infância, adolescência e os direitos humanos no Brasil. 20. ed. São Paulo: Ática, 2002. p. 22.

1. Quais são as três frases do texto que citam os direitos dos cidadãos?

   _____
   _____
   _____

2. Quais são as três frases do texto que citam os deveres dos cidadãos?

   _____
   _____
   _____

3. O que significa a palavra **cidadania** para o autor do texto?

   _____

4. Que outros direitos você conheceu nesta unidade que se relacionam à ideia de bem viver ou viver decentemente?

   _____
   _____

5. De acordo com o primeiro parágrafo da página anterior, o que deve acontecer com os direitos dos cidadãos e por que os deveres são importantes?

Giramundo

Leis que são números

Você já sabe que a Constituição é um conjunto de leis que garantem os direitos dos cidadãos.

Nem todas as leis estão presentes na Constituição, embora todas elas, ao serem criadas, devam se orientar pelo que estabelece a Constituição.

Deputados votam o Projeto de Lei nº 6787/16, que trata da reforma trabalhista, na Câmara dos Deputados. Brasília, Distrito Federal, 2017.

Não é comum os cidadãos conhecerem todas as leis, até porque são muitas que vigoram no Brasil.

Uma forma de identificar uma lei é por meio de seu número e da data em que ela foi registrada.

Conheça os números de algumas leis e suas datas.
- Estatuto do Índio: Lei nº 6.001, de 19 de dezembro de 1973.
- Estatuto da Pessoa com Deficiência: Lei nº 13.146, de 6 de julho de 2015.
- Estatuto do Idoso: Lei nº 10.741, de 1º de outubro de 2003.
- Estatuto da Criança e do Adolescente: Lei nº 8.069, de 13 de julho de 1990.

Você conhece essas leis?

1. Qual dessas leis tem o maior número?

_____

_____

2. Qual tem o menor número?

_____

_____

3. De acordo com os números das leis, podemos afirmar qual é a mais recente?

☐ Sim. ☐ Não.

4. Reúna-se com dois colegas e, juntos, façam uma pesquisa sobre uma das leis citadas na página anterior.

Vocês podem consultar os *sites* a seguir.

- www.planalto.gov.br/ccivil_03/leis/2003/l10.741.htm
- www.planalto.gov.br/ccivil_03/_ato2015-2018/2015/lei/l13146.htm
- www.planalto.gov.br/ccivil_03/leis/l8069.htm
- www.planalto.gov.br/ccivil_03/_ato2007-2010/2010/lei/l12288.htm
- www.funai.gov.br/index.php/cnpi1/estatuto-do-indio

Com a orientação do professor, você e os colegas do grupo devem seguir as etapas abaixo.

1. Escolham uma das leis.
2. Pesquisem no *site* quais são os grupos contemplados pela criação dessa lei.
3. Pesquisem alguns dos direitos garantidos por essa lei.
4. Conversem sobre o que entenderam a respeito da lei.
5. Elaborem um cartaz com título, desenho e texto que explique a lei.
6. No dia marcado pelo professor e seguindo as orientações dele, o grupo deve apresentar o cartaz aos colegas.

Retomada

1. Analise as imagens e escreva as letras **DI** para aquelas que retratam direitos individuais e **DC** para direitos coletivos.

2. Encontre no diagrama sete direitos dos cidadãos.

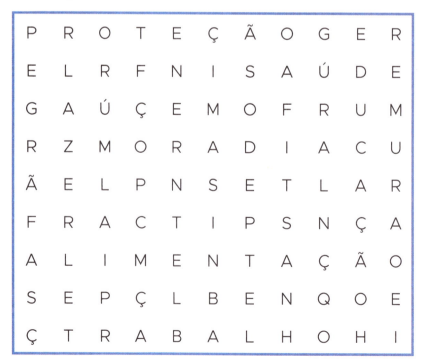

3. Classifique as frases de acordo com a legenda.

- **A** Direito das crianças
- **B** Dever das crianças

- ☐ Ter educação de qualidade.
- ☐ Estudar e se preparar para a vida adulta.
- ☐ Brincar com outras crianças.
- ☐ Respeitar todas as pessoas.
- ☐ Não ser obrigada a trabalhar.
- ☐ Não discriminar pessoas com deficiência.
- ☐ Ter boa alimentação.
- ☐ Receber assistência médica gratuita.
- ☐ Respeitar o direito das pessoas com quem convive.
- ☐ Ter proteção da família.
- ☐ Respeitar as diferenças e aceitá-las.
- ☐ Ser livre para conviver em sociedade e expressar ideias e sentimentos.

4. Escreva um texto que explique o que é ser cidadão na democracia atual.

_____

_____

_____

Periscópio

📖 Para ler

Nascemos livres: a Declaração Universal dos Direitos Humanos em imagens, de Bartolomeu Campos de Queirós. São Paulo: SM, 2008.
O livro é composto de interpretações ilustradas dos 30 artigos da Declaração, proclamada pela Organização das Nações Unidas (ONU) em 1948.

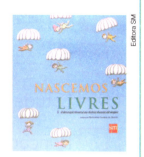

Quilombolas: resistência, história e cultura, de João Bernardo da Silva Filho e Andrezza Lisboa. São Paulo: Ibep, 2012.
O livro mostra que os quilombos são símbolo da luta pela liberdade e configuram importantes espaços de convivência e expressão da cultura africana.

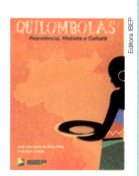

Entre neste livro: a Constituição para crianças, de Liliana Iacocca e Michele Iacocca. São Paulo: Ática, 2011.
O livro explica a importância do código de leis para a sociedade, manutenção do Estado, seguridade dos direitos das crianças e dos adolescentes e proteção do meio ambiente.

👆 Para acessar

ECA em tirinhas para crianças: o Estatuto da Criança e do Adolescente (ECA) é disponibilizado em versão ilustrada para que todas as crianças e adolescentes conheçam seus direitos.
Disponível em: <https://plenarinho.leg.br/index.php/2017/07/03/estatuto-da-crianca-e-do-adolescente/>. Acesso em: 15 maio 2018.

UNIDADE 4
Diversidade e direitos

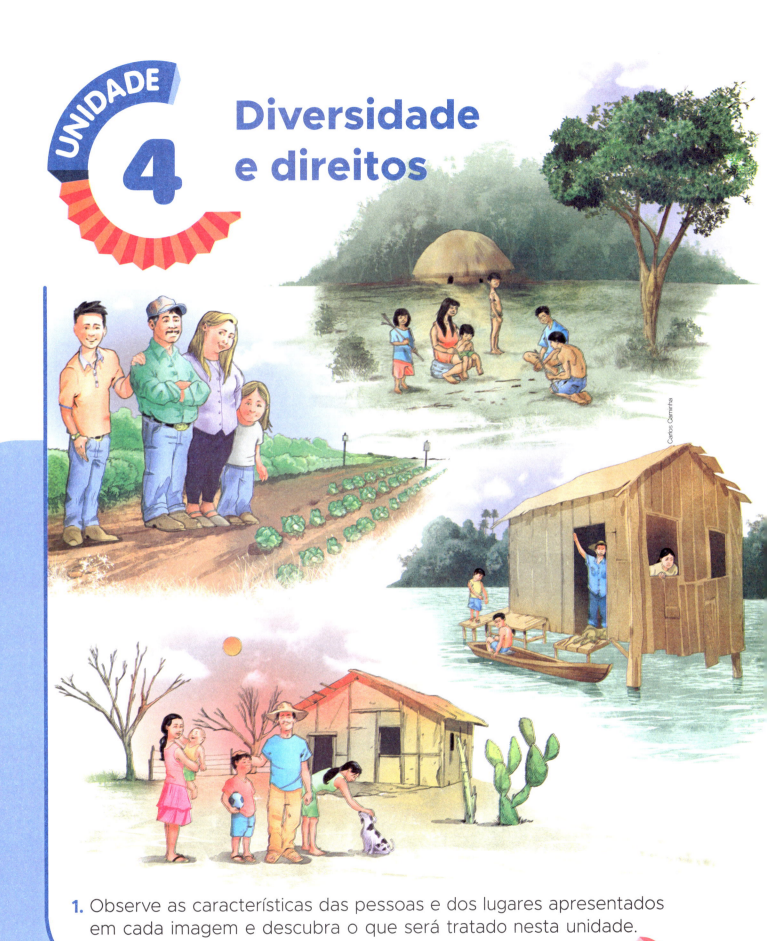

1. Observe as características das pessoas e dos lugares apresentados em cada imagem e descubra o que será tratado nesta unidade.

Diversidade natural

O Brasil é um país marcado por muitas diferenças.

Conhecer as diferenças naturais, da arte, da cultura e entre as pessoas é conhecer elementos que caracterizam a diversidade brasileira.

A diversidade natural brasileira, por exemplo, é imensa. A fauna e a flora são compostas, respectivamente, de milhares de animais vertebrados e invertebrados e de milhares de vegetais.

Nas imagens a seguir você identifica alguns exemplos da fauna brasileira.

Mocó.

Boto-cor-de-rosa.

Peixe-boi.

Tucano.

Golfinho-toninha.

Mico-leão-dourado.

68

Agora observe estas imagens. Nelas você identifica alguns exemplos da flora brasileira.

Ipê-da-serra.

Babaçu.

Palmeira de açaí.

Sumaúma.

Araucária.

Vitória-régia.

1. O que você entendeu sobre o que é fauna?

_____

_____

2. E o que é flora?

_____

_____

3. Como são a fauna e a flora de sua comunidade? Cite o nome de algumas espécies.

_____

_____

Diversidade de pessoas no cotidiano

A diversidade pode ser constatada diariamente ao observar as pessoas que habitam as áreas urbanas e as áreas rurais. Também pode ser verificada nos modos de vida das diversas famílias que compõem a sociedade brasileira.

Algumas famílias, por exemplo, convivem com animais de estimação, entre eles, cachorro e gato. Há outras, principalmente as residentes em áreas rurais, que convivem com animais como galinha, porco, cavalo, vaca etc.

Há também famílias que moram próximo a ambientes pouco transformados pelo ser humano e convivem com animais silvestres, como capivara, macaco, esquilo, gavião, pavão, entre outros.

Família com filhotes de periquito. Salto do Jacuí, Rio Grande do Sul.

Menina alimenta animais em fazenda. Ouro Preto, Minas Gerais.

Casal passeia com cachorro. Rio de Janeiro, Rio de Janeiro.

70

Observe os colegas que estudam na mesma sala de aula que você. Todos são meninos? Todos são meninas? Todos têm a mesma altura? Têm o mesmo nome e sobrenome? As famílias são iguais?

1. Reúna-se com dois colegas e, juntos, respondam às questões a seguir.

    a) Qual é o modo de vida da família de cada um de vocês?
    _____
    _____
    _____

    b) Quais são as características físicas dos responsáveis por vocês?
    _____
    _____

    c) Quais são as características da moradia de cada um de vocês?
    _____
    _____
    _____

    d) Quais alimentos cada família costuma consumir?
    _____
    _____
    _____

2. Escreva quais são as diferenças de gosto musical entre você e seus dois colegas.
    _____
    _____
    _____
    _____

Pluralidade cultural

Você já sabe que o atual Brasil era habitado por diversos povos indígenas antes do início da colonização pelos portugueses, em 1500. Sabe também que os povos indígenas tinham suas próprias culturas e modos de vida.

A chegada dos portugueses e dos povos que foram trazidos de diferentes regiões do continente africano, e a relação estabelecida entre eles e os grupos indígenas que já habitavam a região deram início à sociedade brasileira.

Com o passar dos anos, povos de outros países chegaram ao Brasil, trazendo culturas que foram integradas às que já existiam, o que contribuiu para ampliar a diversidade brasileira.

A integração de povos e a diversidade cultural brasileira existem há muito tempo.

Família indígena. São Félix do Xingu, Pará.

Família quilombola. Cabo Frio, Rio de Janeiro.

Família de origem asiática. São Paulo, São Paulo.

Família de origem europeia. Campinas, São Paulo.

1. Reúna-se com uma pessoa de sua família e, juntos, observem as imagens da página anterior e respondam:

   a) Em nossos costumes há elementos culturais dos povos retratados nas imagens?

   ☐ Sim.   ☐ Não.

   b) Se sim, que elementos culturais são esses?

   _____
   _____
   _____

2. Leia a frase a seguir e faça o que se pede.

> Tudo que diferencia você de alguma pessoa pode ser chamado de diversidade.

- Escreva um texto com a mesma ideia contida na frase. Use como referência as características naturais e humanas que compõem a diversidade brasileira que você estudou nesta unidade.

_____
_____
_____
_____
_____
_____
_____
_____
_____

73

Isto é documento

Diversidade dos povos indígenas

Observe as imagens.

Indígena do povo kaxinawá-huni kuin torra amendoim. Jordão, Acre.

Indígenas do povo yanomami em festividade. Santa Isabel do Rio Negro, Amazônia.

Elas retratam alguns povos indígenas que vivem hoje no Brasil. Esses e diversos outros são descendentes dos primeiros povos indígenas que habitavam o atual Brasil antes da chegada dos portugueses, em 1500.

Observe no quadro os dados do **Censo** 2010 referentes aos povos indígenas que compõem a sociedade brasileira.

> **Censo:** conjunto de informações sobre as características da população de um país em determinado momento.

Povos indígenas do Brasil	
Quantidade de povos	305
Quantidade de línguas	274
População total	896 917

Fonte: IBGE. *Censo 2010*. Disponível em: <ww2.ibge.gov.br/home/estatistica/populacao/censo2010/caracteristicas_gerais_indigenas/default_brasil_xls.shtm>. Acesso em: 15 maio 2018.

Onde estão alguns povos indígenas

Onde vivem os povos indígenas do Brasil?

Eles vivem em áreas rurais e urbanas e mantêm muito ou pouco contato com povos que não são indígenas.

Em várias cidades dos estados brasileiros há povos indígenas que estudam, trabalham e fazem diversas atividades em lugares fora das aldeias.

Observe no quadro o nome de alguns povos indígenas e os respectivos estados que habitam.

Povo indígena	Estado
yuhupdëh	Amazonas
potiguara	Paraíba
arapaso	Amazonas
xacriabá	Minas Gerais
xavante	Mato Grosso
galibi	Amapá
guarani mbya	São Paulo
puri	Rio de Janeiro
kaingang	Santa Catarina
macuxi	Roraima
katukina pano	Acre

Fonte: Quadro geral dos povos. *Povos Indígenas no Brasil*. Disponível em: <https://pib.socioambiental.org/pt/c/quadro-geral>. Acesso em: 15 maio 2018.

1. Com a ajuda do professor, observe um mapa regional do Brasil e responda: Em que região há mais estados com presença de povos indígenas?

Todos os brasileiros

Todos os brasileiros – crianças, jovens, adultos, idosos, famílias de várias origens que moram no campo ou na cidade – formam a chamada sociedade brasileira e são protegidos por leis que estão na Constituição.

Leia o seguinte trecho da Constituição de 1988:

Título II
Dos Direitos e Garantias Fundamentais
Capítulo I
Dos Direitos e Deveres Individuais e Coletivos

Art. 5º. Todos são iguais perante a lei, sem distinção de qualquer natureza, garantindo aos brasileiros e aos estrangeiros residentes no País a **inviolabilidade** do direito à vida, à liberdade, à igualdade, à segurança e à propriedade [...].

Disponível em: <www.senado.gov.br/atividade/const/con1988/con1988_12.07.2016/art_5_.asp>. Acesso em: 15 maio 2018.

Inviolável: que não pode ser descumprido.

Crianças brincam em parque. São Paulo, São Paulo.

Idosas em Lagoa da Prata, Minas Gerais.

Pessoas jogam futebol. São Paulo, São Paulo.

Pessoas participam de celebração religiosa. Belém, Pará.

Cidadania e respeito à diversidade

Não é apenas no Brasil que existe diversidade. Vários outros países do mundo também têm essa característica.

A tolerância diante das diferenças também é um exercício de cidadania e um importante passo para a promoção da cultura de paz entre os povos.

A tolerância pode contribuir para a promoção da cidadania nas diversas sociedades do mundo, colaborando para que essas sociedades sejam inclusivas na defesa dos direitos políticos, civis e sociais de todas as pessoas.

Ser tolerante com o diferente pode contribuir também para que atitudes racistas ou ligadas a qualquer tipo de discriminação e violência sejam combatidas.

A tolerância é um compromisso relacionado à diversidade humana e, dessa forma, é um princípio fundamental da democracia.

Observe a imagem de um dos símbolos da promoção da cultura de paz.

Sangoiri/Shutterstock.com

1. Converse com os colegas e o professor sobre a importância de promover a cultura de paz. Depois escreva no caderno os principais argumentos levantados pela turma.

Giramundo

Diversidade de riquezas

No Brasil também há diversidade de riquezas, e muitas delas estão ligadas às áreas rurais.

As riquezas produzidas pelos brasileiros que vivem no campo são diversas. Todos os dias, milhões de pessoas consomem alimentos de origem vegetal e animal produzidos no campo ou pescados nos rios e no mar.

Observe as imagens.

Frutas.   Legumes.

Arroz e feijão.

Galinha.

Porco.

Mandioca.

Ovos.

Queijo.

78

Codorna.

Peixe.

1. Que alimentos de origem vegetal retratados nas imagens você e sua família consomem?

_____
_____

2. Que alimentos de origem animal retratados nas imagens você e sua família consomem?

_____
_____

3. De quais alimentos representados nas páginas 78 e 79 você mais gosta e em quais refeições prefere consumi-los?

_____
_____
_____

4. Com a orientação do professor, faça uma pesquisa sobre as riquezas minerais brasileiras desde o ano de 1650.

_____
_____
_____
_____

Construir um mundo melhor

Igualdade para todos

Você conhece o Estatuto da Igualdade Racial?

Leia o texto:

Legislação prevê ações nas áreas de saúde, educação e cultura e pune preconceito contra pessoas negras

O Estatuto da Igualdade Racial, aprovado pelo Congresso, foi transformado na Lei 12.288/10, publicada no Diário Oficial de 21 de julho de 2010. Com 65 artigos, a lei contempla áreas de educação, cultura, esporte, lazer, saúde, trabalho, defesa dos direitos das comunidades remanescentes de quilombos e proteção de religiões de matrizes africanas. Institui ainda penalidades de reclusão de até cinco anos para quem obstar, por preconceito, promoção funcional de pessoa negra no setor público e privado.

A discriminação racial é definida como toda distinção, exclusão, restrição ou preferência baseada em raça, cor, descendência ou origem nacional ou étnica. A lei define ainda, entre outros conceitos, a desigualdade racial como toda situação injustificada de diferenciação de acesso ou fruição de bens, serviços e oportunidades nas áreas pública e privada em virtude de raça, cor, descendência ou origem nacional e étnica.

Disponível em: <www12.senado.gov.br/noticias/entenda-o-assunto/lei-da-igualdade-racial>. Acesso em: 29 jan. 2018.

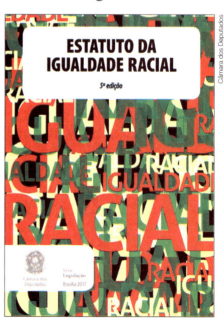

Capa da quinta edição do Estatuto da Igualdade Racial, publicado em Brasília, pela Câmara dos Deputados, em 2017.

1. Pesquise no dicionário o significado das palavras que você não conhece que foram citadas no texto.

   _____
   _____
   _____

2. De acordo com o texto, o que é discriminação racial?

   _____
   _____
   _____

3. De acordo com o Estatuto, qual é a penalidade para quem praticar discriminação racial?

   _____
   _____

4. De acordo com o texto, quais são as áreas contempladas pelo Estatuto da Igualdade Racial?

   _____
   _____
   _____
   _____

5. Agora você e dois colegas, seguindo as orientações do professor, vão criar a primeira página de um jornal que informe o que é discriminação racial. Para começar, escreva no espaço a seguir o nome que seu grupo dará ao jornal.

   _____
   _____

Retomada

1. Responda às questões abaixo, relacionadas às suas características. Depois compare suas respostas com as de um colega para identificar as diferenças.

   a) Qual é sua comida predileta? Por quê?

   _____

   _____

   b) Quais são suas brincadeiras prediletas?

   _____

   _____

   c) Quais matérias você mais gosta de estudar na escola?

   _____

   _____

   d) O que você mais gosta de fazer nos fins de semana ou quando está de férias?

   _____

   _____

   e) De qual esporte você gosta?

   _____

   _____

2. Cite um aspecto que diferencia os povos indígenas entre si.

   _____

   _____

   _____

   _____

3. Quais são as características da diversidade natural brasileira?

_____

_____

_____

_____

4. Assinale as alternativas corretas.

☐ O Brasil é um país caracterizado por poucas diferenças culturais e étnicas.

☐ A fauna e a flora brasileiras são compostas de milhares de animais vertebrados e invertebrados e milhares de vegetais.

☐ No Brasil há diversidade de famílias.

☐ A integração de povos e a diversidade cultural brasileira existem há muito tempo.

☐ Há inúmeras diferenças entre os povos indígenas.

☐ A tolerância contribui para a promoção da cidadania nas diversas sociedades do mundo.

5. O que declara o artigo 5º do Título II, Dos Direitos e Garantias Fundamentais (Capítulo I), da Constituição do Brasil de 1988?

_____

_____

_____

_____

_____

Periscópio

📖 Para ler

Meu lugar no mundo, de Sulami Katy. São Paulo: Ática, 2004.

Uma jovem do povo potiguara é convidada a sair de sua aldeia, no litoral da Paraíba, e viajar para a cidade de São Paulo para divulgar a cultura de sua aldeia. Nessa narrativa é possível conhecer a diversidade do povo potiguara e comparar as diferenças culturais entre indígenas e não indígenas.

Etnias e cultura, de Nereide Schilaro Santa Rosa. São Paulo: Moderna, 2004.

Por meio de obras de arte, o livro traz aspectos culturais como respeito às etnias, aos usos e costumes que caracterizam nosso povo.

👆 Para acessar

Casa das Áfricas: o *site* disponibiliza fotografias e informações sobre o continente africano e questões afro-brasileiras.
Disponível em: <www.casadasafricas.org.br>. Acesso em: 15 maio 2018.

Comissão Pró-Índio de São Paulo: informa e disponibiliza materiais sobre a luta pelos direitos dos indígenas e dos afrodescendentes.
Disponível em: <www.cpisp.org.br>. Acesso em: 15 maio 2018.

Museu Afro Brasil: o *site* do museu abriga um vasto acervo digital com importantes obras de arte e objetos religiosos. No mesmo local também se encontram diversas publicações digitais, como artigos e biografias de escritores e artistas negros.
Disponível em: <www.museuafrobrasil.org.br>. Acesso em: 15 maio 2018.

UNIDADE 5
Religiões e culturas antigas

1. Elas explicam a origem da vida e fazem parte do cotidiano dos grupos humanos há muito tempo.

   Estamos falando das _____.

As principais formas de religiosidade

Um dos temas que despertam interesse nas pesquisas desenvolvidas por historiadores e arqueólogos está relacionado ao surgimento da religião na vida humana.

Como surgiram as primeiras crenças?

A morte e a religião estão relacionadas? De que maneira os primeiros grupos humanos cuidavam dos mortos?

Alguns pesquisadores encontraram essas respostas nos desenhos que chamamos de pinturas rupestres, feitos principalmente nas paredes e no teto das cavernas.

Pintura rupestre no sítio arqueológico Tassili n'Ajjer, Argélia.

Outros descobriram vestígios de cultos funerários e de sepulturas que indicam cuidado com os mortos e respeito a eles.

Sepultura do Período Paleolítico em sítio arqueológico na França.

Explicar o desconhecido

Diversas pinturas rupestres representam elementos naturais, como a Lua e o Sol, por exemplo, as quais revelam que aquilo que os primeiros grupos humanos desconheciam ou não entendiam se transformava em componente mágico, sagrado, passando a fazer parte da vida cotidiana.

Eram vários os rituais que conectavam os primeiros grupos humanos ao que consideravam sagrado.

As descobertas de estudiosos apontam as pistas sobre como eram os primeiros rituais que, com o passar do tempo, deram origem ao que chamamos hoje de religião.

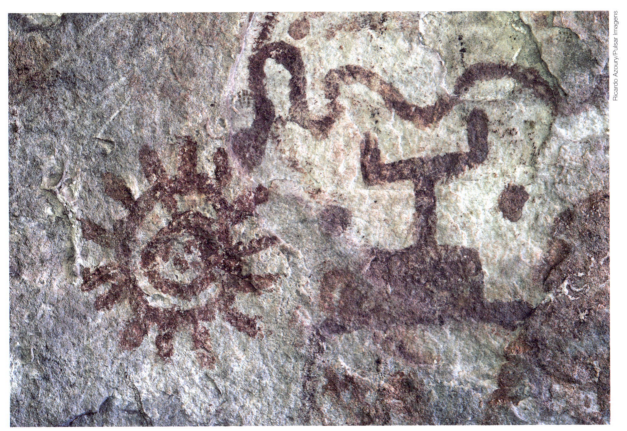

Pintura rupestre em uma das grutas da Caverna da Pedra Pintada. Monte Alegre, Pará, 2015.

1. Grife, no texto da página anterior, trechos que indicam a importância das pinturas rupestres para as pesquisas sobre o surgimento da religião.

Religião e cultura dos povos antigos

Diversos aspectos da cultura, entre eles os costumes, as tradições e os modos de vida, estão relacionados à religião dos povos antigos. Esses aspectos foram importantes para o desenvolvimento de povos como os egípcios, sumérios, fenícios, persas, gregos e romanos.

No caso do Egito Antigo, por exemplo, a religião, a cultura e os elementos da natureza, principalmente o Rio Nilo, contribuíram para a formação e o desenvolvimento do povo egípcio.

Alguns elementos tornaram-se marcas importantes do passado, como as pirâmides, as ruínas das cidades e as estruturas dos templos que permanecem até os dias atuais.

A religião egípcia era politeísta, ou seja, caracterizada pela crença em vários deuses, que apresentavam forma de seres humanos e de animais.

Alguns dos principais deuses egípcios são:
- Hórus, considerado o deus-sol;
- Osíris, encarregado de transportar a alma para a continuidade da vida;
- Ísis, que representava a criação e o amor.

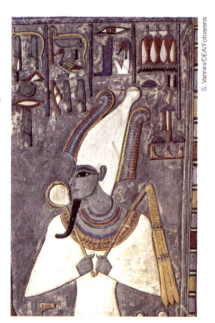
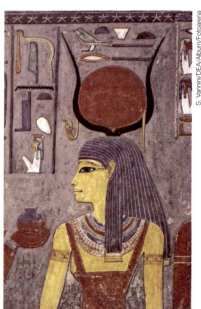

Pinturas em murais na tumba de Horemheb que representam, respectivamente, os deuses Hórus, Osíris e Ísis. Vale dos Reis, Luxor, Egito.

Arte, ciência e religião

O Rio Nilo também esteve relacionado à religiosidade. Os egípcios acreditavam que o curso das águas do rio – que na época das cheias varria e renovava tudo – representava a vida. Para eles, a morte também fazia parte dessa renovação. Por isso, a principal característica da religião egípcia era a crença na imortalidade da alma.

Os cultos ligados a essa crença fizeram com que os egípcios desenvolvessem a técnica de mumificação dos mortos. Esse rito foi a forma que eles encontraram para garantir que a alma renascesse em outro mundo, já que o corpo estaria intacto devido à mumificação.

A pintura foi a expressão artística mais importante do Egito Antigo. Ela retratava principalmente a vida dos deuses, o cotidiano do faraó e cenas da agricultura. Os sarcófagos eram muitas vezes pintados, revelando que a vida permanecia dentro deles.

No campo das ciências, principalmente na área médica, os egípcios criaram técnicas para curar feridas utilizando ervas e minerais. Conheciam bem a anatomia humana, principalmente em função do rito de mumificação.

Pintura em papiro encontrada no *Livro dos Mortos*, século X a.C.

1. Com a ajuda do professor, faça uma pesquisa sobre os assuntos abaixo e anote as descobertas no caderno.

    a) Como era a técnica egípcia de mumificação dos corpos?

    b) Qual foi a importância da arquitetura para a construção das pirâmides?

Deuses gregos

Outro exemplo de povo que se formou e se desenvolveu por meio da contribuição da religião e da cultura foi o grego.

A religião grega também era politeísta. Toda explicação a respeito do surgimento do mundo e do próprio povo grego está relacionada à religiosidade.

Segundo a crença dos gregos, os deuses habitavam o Monte Olimpo, situado na cidade-Estado de Olímpia. Apesar de apresentarem forma humana, todos estavam ligados a um símbolo.

Eram 12 os deuses que compunham a religião na Grécia Antiga.

Zeus   Poseidon   Deméter   Hera   Hefesto   Afrodite

Apolo   Ártemis   Atena   Hermes   Ares   Dionísio

Ilustrações: Rodval Matias

Conheça alguns deles.

- Zeus: o mais poderoso de todos os deuses tinha poder, sabedoria e o controle do Universo. Vários templos em homenagem a ele foram construídos na Grécia. O mais famoso ficava em Olímpia, onde Zeus era representado por uma gigantesca estátua.
- Apolo: todas as suas estátuas demonstram que ele simbolizava a beleza masculina. Ao mesmo tempo, era o deus da luz do Sol, protetor da verdade, das artes e da medicina.
- Afrodite: representava a beleza feminina e era considerada deusa do amor e da paixão.

Leio e compreendo

Deuses com aparência humana

Os gregos acreditavam que seus deuses apresentavam forma e sentimentos humanos, mas diferenciavam-se dos mortais por terem poderes extraordinários e vida eterna.

Leia o texto abaixo:

Ao contrário das divindades de outras civilizações antigas, a maior peculiaridade da crença nos deuses gregos era a de que, apesar de considerados poderosos e imortais, eles possuiriam a aparência física, as qualidades e as imperfeições morais próprias dos seres humanos, com os quais conviveriam muito próximo, mesmo que invisíveis.

Alexandre A. Mattiuzzi. *Mitologia ao alcance de todos.* São Paulo: Nova Alexandria, 2000. p. 9.

Escultura de mármore da deusa Afrodite criada por Menophantos no século I a.C.

1. De acordo com o texto, qual era a diferença entre os deuses gregos e os deuses de outros povos?

_____
_____
_____

2. Explique de que maneira o texto aborda a proximidade entre os deuses gregos e os seres humanos.

_____
_____
_____

Religiões monoteístas

De todos os povos antigos, os hebreus são aqueles que se destacam pelo monoteísmo e por uma forte influência da religião sobre sua maneira de viver.

A crença em um Deus único, de certo modo, influenciou os rumos desse povo.

Palestina (século X a.C.)

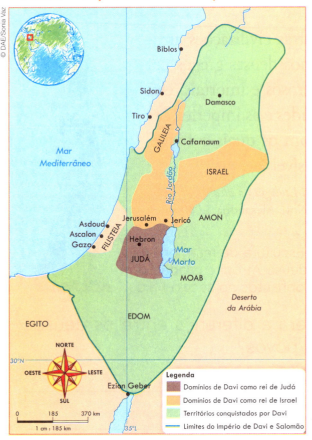

Os hebreus eram povos que falavam a língua semita e se localizavam na Alta Mesopotâmia. Nômades, viviam da pecuária e organizavam-se em grupos formados por famílias com fortes laços de identificação. Há mais de 4 mil anos, eles migraram da Mesopotâmia e, no início de seu desenvolvimento, estabeleceram-se na Palestina, região que atualmente corresponde ao território de Israel às margens do Rio Jordão, onde se dedicaram ao pastoreio e à agricultura.

Fonte: José Jobson de A. Arruda. *Atlas histórico básico*. 17. ed. São Paulo: Ática, 2011. p. 6.

Representação de hebreus trabalhando na agricultura e no pastoreio com uma caravana comercial passando ao fundo.

Religião e história

A história do povo hebreu está registrada na Bíblia, especificamente no Antigo Testamento. A maioria das informações sobre os hebreus misturava-se com a religião.

Os hebreus acreditavam em um Deus único, a quem denominavam de Jeová, que era o criador e senhor do Universo. Ele representava a justiça e o caminho para a salvação humana.

Os hebreus acreditavam ser o povo escolhido para honrar Deus, que por sua vez determinaria entre eles quem deveria ser o líder. Acreditavam também na vinda de um messias, um homem que concretizaria as aspirações de salvação e **redenção** de todos.

A religião hebraica exerceu grande influência na formação de duas outras religiões: a cristã e a islâmica.

Redenção: libertação, salvação.

Basílica de Nossa Senhora Aparecida. Aparecida, São Paulo, 2017.

Mesquita Aran va Bidgol. Kashan, Irã, 2016.

93

Religiões de matriz africana

Para os antigos povos africanos, a vida humana estava diretamente ligada à natureza. Para eles, a terra, o mar, as florestas, os rios, as cachoeiras, as montanhas, a chuva e os ventos eram importantes para a sobrevivência humana.

Para muitos deles, os elementos da natureza eram considerados sagrados. Respeitar a natureza e observar seu funcionamento era uma das formas de compreender como os elementos naturais estão ligados à vida.

A relação dos povos africanos com a natureza foi importante para o surgimento de diversas religiões em vários países, entre eles o Brasil.

Os africanos escravizados que aqui desembarcaram trouxeram consigo suas crenças e deram origem a uma das religiões que caracterizam nosso país, o chamado candomblé.

No candomblé, as divindades também representam elementos da natureza e são chamadas de **orixás**.

Orixá: divindade que personifica uma força da natureza ou algum ancestral africano.

Oxum, orixá dos rios.

Iemanjá, orixá dos lagos e dos mares.

Xangô, orixá do fogo e do trovão; também é o protetor da justiça.

Iansã, orixá dos ventos, relâmpagos e tempestades.

1. De acordo com o texto, por que respeitar a natureza e observar seu funcionamento era importante para os povos africanos?

   _____
   _____

2. Quais são os elementos da natureza valorizados pelas crenças dos antigos africanos?

   _____
   _____

3. Faça uma pesquisa e descubra como as religiões de matriz africana, especialmente o candomblé, desenvolveram-se no Brasil. Registre o que descobriu no espaço a seguir.

   _____
   _____
   _____
   _____

4. Com a ajuda do professor, pesquise em *sites* de jornais e revistas notícias sobre a intolerância às religiões de matriz africana e escreva um parágrafo sobre ela.

   _____
   _____
   _____
   _____
   _____
   _____

95

Natureza sagrada para os povos indígenas

Os povos indígenas brasileiros apresentam muitas diferenças entre si, mas também algumas semelhanças.

No passado, os primeiros habitantes do Brasil eram diferentes um dos outros com relação às crenças, à maneira de trabalhar, de construir moradias etc.

O contato com a natureza fazia parte do dia a dia das aldeias. O trabalho na agricultura, na pesca e na caça dependia da natureza. Por isso, os indígenas acreditavam que todos os elementos da natureza eram sagrados.

A Lua, o Sol, os rios, os ventos e a chuva eram e são até hoje **cultuados** por diversos povos.

A floresta e a terra eram muito importantes, pois delas dependia a sobrevivência de toda a aldeia. Eles observavam os movimentos do Sol e da Lua e, por meio deles, definiam as melhores estações para plantar e colher.

Cultuar os elementos da natureza e acreditar na força e proteção deles são características da religiosidade de muitos povos indígenas até hoje.

Cultuar: adorar.

Criança do povo kayapó em uma árvore. São Félix do Xingu, Pará, 2015.

1. Faça uma pesquisa sobre as religiões dos povos indígenas brasileiros. Siga os passos abaixo.
   1. Procure informações em *sites*, livros e revistas sobre quais deuses são cultuados pelos indígenas e que elementos da natureza cada um representa. Você deve se atentar ao registrar o nome do povo indígena pesquisado, pois nem todos os povos têm as mesmas crenças. Pesquise também a forma pela qual cada povo cultua esses deuses.
   2. Depois de obter as informações, escreva um texto no espaço abaixo para organizar os dados de sua pesquisa. Você pode, inclusive, ilustrar seu trabalho com fotografias ou com desenhos feitos por você.
   3. No dia marcado pelo professor, apresente suas conclusões à turma. Verifique, com os colegas, se as pesquisas tratam dos mesmos povos, dos mesmos deuses etc.

97

Giramundo

Vamos combater a intolerância religiosa

As manchetes dos jornais impressos e eletrônicos a seguir trazem informações sobre a intolerância religiosa no Brasil e em outros lugares do mundo em diferentes tempos.

Observe as imagens e leia seu conteúdo.

Notícia publicada no jornal *Correio da Manhã*, em 19 dez. 1915.

Notícia publicada na revista *O Cruzeiro*, em 14 jul. 1970.

Disque 100 registra uma denúncia de intolerância religiosa a cada 15 horas

São Paulo e Rio de Janeiro são os estados com o maior número de queixas

Repórter Nacional
No AR em 13/11/2017 - 23:30

Notícia publicada no portal *EBC*, em 13 nov. 2017.

Número de atos contra muçulmanos na França triplicou em 2015

Em Paris 19/01/2016 16h44

Notícia publicada no portal *UOL*, em 19 jan. 2016.

1. Reúna-se com um colega e, juntos, recriem as manchetes retratadas nas imagens dando um sentido oposto a cada uma delas. Transformem as atitudes de intolerância em exemplos de tolerância religiosa.

_____
_____
_____
_____
_____
_____

2. Depois, seguindo a orientação do professor, cada dupla deverá elaborar um cartaz com o tema Tolerância religiosa e expor na escola.

Retomada

1. Analise as imagens e elabore uma legenda para cada uma delas. As legendas devem destacar um elemento da religião ou da cultura que identifica cada povo estudado nesta unidade.

Zacharias Wagner. *Dança de negros escravos*, 1634. Aquarela.

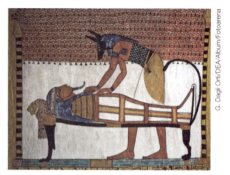

Anúbis aquecendo o coração do morto. Pintura na tumba de Sennedjem, em Deir el-Medina, Tebas, Egito.

Sacerdote e sacerdotisa gregos em ritual religioso. Ilustração inspirada em vaso grego do acervo do Museu de Nápoles, Itália.

Deus dá a Moisés as tábuas da lei. Pintura de Jaume Huguet na Catedral de Tortosa, 1466-1475. Catalunha, Espanha.

2. Explique como o Rio Nilo estava relacionado à religião no Egito Antigo.

_____

_____

3. Relacione as frases às características da religiosidade dos povos.

- **1** Rituais dos primeiros grupos humanos
- **2** Religião dos antigos egípcios
- **3** Religião dos antigos gregos
- **4** Religião dos hebreus
- **5** Religiões de matriz africana
- **6** Religiosidade dos povos indígenas

- ☐ Deuses tinham forma e sentimentos humanos, sendo considerados poderosos e imortais.
- ☐ Divindades representam elementos da natureza e são chamadas orixás.
- ☐ Havia vários deuses que apresentavam forma de seres humanos e de animais.
- ☐ Cultuam os elementos da natureza e acreditam em sua força e proteção.
- ☐ Crença em um Deus único, Jeová, criador e senhor do Universo.
- ☐ Deixaram nas pinturas rupestres pistas sobre os primeiros rituais, que tempos depois deram origem ao que chamamos de religião.

4. No caderno, redija um pequeno texto com as palavras a seguir.

hebreus   Deus   monoteístas   vida

101

Periscópio

📖 Para ler

A reunião dos planetas, de Marcelo R. Oliveira. São Paulo: Companhia das Letrinhas, 2000.

Por causa dos vários problemas enfrentados pela Terra em razão das ações humanas, os outros planetas do Sistema Solar, temendo sofrer um dia os mesmos problemas, reúnem-se em assembleia para determinar o fim das ações humanas na Terra e no Sistema Solar. Tendo como personagens principais os planetas, o livro aborda a mitologia dos deuses gregos e a origem da democracia grega.

A semente que veio da África, de Heloisa Pires Lima. São Paulo: Salamandra, 2005.

São três diferentes narrativas sobre o mito da origem do mundo e sua relação com a árvore baobá, que é símbolo de longevidade, abundância e generosidade.

▶ Para assistir

Kiriku e a feiticeira. Direção de Michel Ocelot. França, 1998.

Kiriku é um menino que, ainda recém-nascido, já podia falar e andar. Karabá é uma grandiosa feiticeira que secou a fonte de água da aldeia e devora todos aqueles que decidem enfrentá-la. Kiriku decide confrontar a feiticeira e salvar seu povo. Criativo e esperto, sofre preconceito daqueles a quem ajuda por ser diferente e ter qualidades especiais.

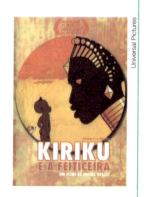

UNIDADE 6
O significado das linguagens na comunicação

1. O que é, o que é: está representado nas imagens e é fundamental para os seres humanos?

Linguagem e comunicação

Há milhões de anos os seres humanos se comunicam entre si.

Por meio de diferentes tipos de linguagem, expressam ideias, sentimentos, dúvidas, descobertas, opiniões, decisões, visões sobre o mundo etc.

Observe as imagens.

1. Quais são os tipos de linguagem retratados nas imagens?

_____

_____

2. Nos espaços a seguir, elabore legendas para as imagens de acordo com a linguagem retratada.

   a) Imagem 1: _____

   b) Imagem 2: _____

   c) Imagem 3: _____

   d) Imagem 4: _____

3. Que formas de linguagem você mais utiliza para se comunicar no dia a dia?

_____

_____

4. Pense em uma forma de linguagem que você utiliza no dia a dia e desenhe no quadro uma situação em que ela é usada.

Comunicação e organização social

Diversas pesquisas demonstram que a linguagem oral foi importante na organização social dos primeiros grupos humanos.

Além disso, elas indicam que, pelo fato de se comunicar oralmente, o ser humano foi capaz de produzir conhecimento e cultura e diferenciar-se dos outros animais.

Por meio da linguagem oral, os membros de um mesmo grupo aprenderam uns com os outros, por exemplo, a identificar um animal feroz.

A vida em grupo e a capacidade de comunicar-se oralmente contribuíram para diversas descobertas.

Observe as imagens e leia as legendas.

Fogueira.

"Cabeças" de machado do Período Paleolítico.

Pintura rupestre no Parque Nacional Serra da Capivara, Piauí.

Árvore frutífera.

1. Reúna-se com um colega e conversem sobre o que as imagens revelam a respeito da importância da linguagem oral na comunicação dos primeiros grupos humanos.

Divisão do trabalho

A linguagem oral foi importante na organização social e também na divisão do trabalho entre homens e mulheres nas primeiras comunidades agrícolas, formadas há cerca de 12 mil anos.

Foi com a contribuição da linguagem oral que diversas comunidades transmitiram a outras seus conhecimentos de cultivo de algumas plantas e a domesticação de animais de pequeno porte.

Com a agricultura, os grupos humanos tonaram-se sedentários, houve aumento da população e o trabalho passou a ser dividido.

1. A linguagem oral foi importante para que o conhecimento da atividade agrícola chegasse até os dias atuais? Justifique.

   _____
   _____
   _____

2. Em que situações do dia a dia a linguagem oral contribui para que você troque ideias, conhecimentos e descobertas?

   _____
   _____

A escrita e a organização política

A invenção da escrita, há mais de 6 mil anos, contribuiu para o surgimento e o desenvolvimento do Estado e, consequentemente, para a organização política.

Diversos governos e governantes utilizaram a linguagem escrita ao longo da história para registrar leis, relatar guerras, planejar viagens terrestres e marítimas, contabilizar suas riquezas, registrar descobertas científicas em áreas como Matemática, Arquitetura, Biologia, Medicina, Engenharia etc.

Observe as imagens e leia as legendas.

Pedra de Roseta, tábua com inscrições em diferentes línguas antigas.

Gravura que representa a Biblioteca de Alexandria, 1870.

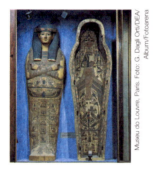

Sarcófago de Sutymes, possivelmente construído entre 664 a.C e 332 a.C.

Parthenon, templo dedicado à deusa Atena. Atenas, Grécia.

1. Faça uma pesquisa sobre os elementos retratados nas imagens, descubra como a linguagem escrita está relacionada a cada um deles e registre no caderno.

A escrita e a História

A linguagem escrita é muito importante para o estudo da História. Ela é uma das fontes pesquisadas pelos historiadores para analisar, compreender e interpretar o modo de vida das sociedades em períodos distintos.

Em determinadas situações, os historiadores, com base na observação de pinturas, gravuras, esculturas e fotografias, elaboram documentos escritos para interpretar os modos de vida em diferentes tempos e sociedades.

Por meio de documentos escritos é possível investigar, por exemplo, as características das desigualdades sociais em cada sociedade, bem como suas diferenças ao longo do tempo. Observe as imagens.

Pretos de ganho. Gravura de Henry Chamberlain, 1822. Esses escravos faziam atividades remuneradas, mas eram obrigados a entregar parte dessa remuneração a seu proprietário.

Rua de Londres, Inglaterra, 1870. Gravura que representa a rua de um bairro pobre da cidade na época da Segunda Revolução Industrial.

1. Após a leitura das imagens e das legendas, redija um texto para relatar como a desigualdade social está sendo retratada nas imagens.

    a) Imagem 1: _____
    _____

    b) Imagem 2: _____
    _____

Leis faladas e revolta social

Há mais de 2 mil anos, durante o período em que Roma era uma república, a sociedade romana estava dividida, principalmente, em dois grandes grupos:

- **patrícios** – constituíam a nobreza ou a aristocracia romana. Eram proprietários das maiores e melhores terras e faziam parte do Senado. Tinham direitos e privilégios sociais;
- **plebeus** – grupo social formado por romanos dominados política e economicamente pelos patrícios. Eram homens livres, sem direitos políticos e sem privilégios sociais.

Durante esse período, as leis – que ainda eram faladas, não tinham registro escrito – eram aplicadas em benefício dos patrícios, o que ampliava ainda mais as desigualdades políticas e sociais em relação aos plebeus.

Insatisfeitos com a situação, os plebeus revoltaram-se e retiraram-se de Roma, exigindo algumas transformações como condição para voltarem a viver na cidade.

Com o refúgio dos plebeus, boa parte das atividades agrícolas e comerciais dos patrícios foram prejudicadas, e eles tiveram que realizar algumas reformas com o objetivo de amenizar as tensões, como:

- **criação dos Tribunos da Plebe** – os plebeus passaram a eleger alguns representantes, que tinham o direito de não acatar as decisões do Senado;
- **Lei das Doze Tábuas** – a lei passou a ser escrita.

Cesare Maccari. *Cícero denuncia Catilina*, 1880. Afresco, 4 m × 9 m. A pintura representa uma sessão do Senado romano.

1. Reúna-se com um colega, conversem sobre o que leram e registrem por que as leis faladas aumentavam as desigualdades políticas e sociais entre patrícios e plebeus.

2. Que relação há entre as leis escritas e a diminuição das desigualdades sociais na Roma Antiga?

3. De acordo com o texto:
    a) Qual foi a atitude dos plebeus diante da insistência dos patrícios em manter as leis faladas?

    b) Cite duas conquistas dos plebeus que foram resultado dessa atitude.

4. Atualmente, qual é a importância das leis escritas para a garantia dos direitos sociais e políticos dos cidadãos?

111

As linguagens da arte no tempo

As linguagens artísticas são importantes registros da cultura. Nos diferentes períodos históricos, elas expressam visões de mundo, costumes das sociedades, tradições de determinados povos, entre outros elementos.

Por meio das diversas linguagens artísticas – artes plásticas, artes visuais, dança, música, teatro – é possível estabelecer a comunicação entre o passado e o presente, além de identificar semelhanças e diferenças no modo de vida dos povos.

As linguagens artísticas também possibilitam ao ser humano analisar a visão que tem sobre si mesmo, sobre as transformações das paisagens e sobre a passagem do tempo.

Observe as imagens a seguir.

Jovem recita poesia em sarau.

Apresentação da cantora Karol Conka.

Grupo de comediantes. Gravura do século XVII.

Indígena do povo kayapó faz pintura em tecido.

Cena do filme *O circo*, 1928.

O mês de maio. Detalhe de afresco de Venceslao, c. 1400. Torre Aquila do castelo de Buonconsiglio, Trento, Itália.

1. Quais são as linguagens artísticas representadas em cada uma das imagens?

_____

_____

_____

2. Pesquise em jornais e revistas as linguagens artísticas mais relacionadas a seu dia a dia. Recorte imagens de duas delas e cole-as no espaço a seguir.

Leio e compreendo

Arte e inclusão social

Leia o texto a seguir.

As artes cênicas auxiliam o deficiente visual a compreender a linguagem corporal e desenvolver habilidades de localização espacial, capacidades fundamentais para a vida independente e social. Aptidões estas que ele não adquiriria pela imitação visual. Através da música, pode-se **lapidar** a ritmicidade dos alunos, a compreensão auditiva, a comunicação pela dança, a contagem do tempo e a marcação das coreografias. As artes plásticas não necessitam estar atreladas a um pincel com tinta. Podem-se elaborar desenhos e pinturas em alto-relevo, utilizando-se diversos materiais, inclusive reciclados. As esculturas em material modelável e as maquetes, montadas com quaisquer materiais que tivermos a nossa disposição, permitem ao deficiente visual expressar sua visão de mundo. E a partir de sua visão do mundo podemos auxiliá-lo na formação de novos conceitos, mais aproximados da realidade.

Nobuyuki Tsujii, pianista com deficiência visual. Tóquio, Japão, 2017.

Lapidar: Aperfeiçoar, melhorar.

Educação artística para deficientes visuais. *Portal da Deficiência Visual*. Disponível em: <www.deficienciavisual.com.br/artes>. Acesso em: 15 maio 2018.

1. De acordo com o texto, qual é a importância das linguagens artísticas para as pessoas com deficiência visual?

_____
_____
_____

2. Explique como o texto aborda a importância das seguintes linguagens artísticas:

   a) música;

   _____

   _____

   _____

   b) artes plásticas;

   _____

   _____

   _____

   c) dança.

   _____

   _____

   _____

3. Como o texto relaciona Arte, novos conceitos e realidade?

_____

_____

_____

4. Com a ajuda do professor, pesquise o que é inclusão social e explique como as linguagens artísticas contribuem para a inclusão social de pessoas com deficiência visual.

_____

_____

_____

_____

A linguagem dos mapas

A cartografia é definida por muitos como a técnica, a arte e/ou a ciência de produzir mapas, que são representações **bidimensionais** da superfície terrestre projetada num plano (o papel, a tela do computador).

[...]

Um mapa é uma forma de comunicação. Ele **conjuga** as propriedades da linguagem visual, expressa na imagem formada pelo arranjo de tonalidades, cores, formas e texturas, com a linguagem sonora (escrita), presente no título, na legenda, na toponímia (os nomes dos lugares ou objetos) e em outras partes do mapa.

> **Bidimensional:** que tem duas dimensões.
> **Conjugar:** combinar, conciliar.

Ivanilton José de Oliveira. *A linguagem dos mapas: utilizando a cartografia para comunicar*. Disponível em: <http://portais.ufg.br/up/215/o/OLIVEIRA__Ivanilton_Jose_linguagem_dos_mapas.pdf>. Acesso em: 15 maio 2018.

Observe os mapas a seguir.

Viagens de expansão europeias (século XVI)

Fonte: Jeremy Black (Ed.). *World history atlas*. Londres: Dorling Kindersley, 2008. p. 80-81.

Brasil: terras indígenas e quilombolas

Fontes: *Atlas geográfico escolar*. 7. ed. Rio de Janeiro: IBGE, 2016. p. 112; *Atlas geográfico escolar*: Ensino Fundamental – do 6º ao 9º ano. Rio de Janeiro: IBGE, 2010. p. 24.

1. Qual é a comunicação feita por meio do mapa da página anterior?

_____

_____

2. O que o mapa acima nos revela sobre a sociedade brasileira atual?

_____

_____

117

Retomada

1. Assinale as alternativas que tratam da importância das linguagens na comunicação.

   ☐ As linguagens artísticas são importantes registros da cultura, da visão de mundo e dos costumes de diferentes sociedades ao longo da história.

   ☐ Na Roma Antiga, no período em que as leis eram faladas, as desigualdades políticas e sociais entre patrícios e plebeus diminuíram.

   ☐ A linguagem escrita é importante para o estudo da História. Ela é uma das fontes de pesquisa utilizadas pelos historiadores.

   ☐ A linguagem oral contribuiu para a organização social e a divisão do trabalho entre homens e mulheres nas primeiras comunidades agrícolas.

2. No espaço a seguir, escreva um texto que justifique a importância da linguagem oral para os primeiros grupos humanos e comunidades agrícolas.

   _____
   _____
   _____
   _____
   _____
   _____
   _____
   _____

3. Explique a importância da linguagem escrita para a História.

_____
_____
_____
_____
_____
_____
_____
_____

4. Que relação há entre a comunicação e as descobertas humanas?

_____
_____
_____
_____

5. O que as linguagens artísticas representam para os seres humanos?

_____
_____
_____
_____
_____
_____

Periscópio

Para ler

Minhas rimas de cordel, de César Obeid. São Paulo: Moderna, 2005.
O livro narra, em forma de poesia, provérbios, crendices, adivinhas e histórias recriadas com base na tradição oral, que fazem parte da cultura popular brasileira.

O livro da escrita, de Ruth Rocha. São Paulo: Melhoramentos, 1999.
Nesse livro, a autora conta a história escrita – desde a pictográfica e ideográfica dos primeiros grupos humanos até hoje – e trata da importância dela para a comunicação, o aprendizado e a vida, mostrando assim que é um direito de todos.

UNIDADE 7
De olho no presente

1. Você concorda com as reivindicações desses alunos por um mundo melhor? O que mais é preciso fazer?

_____

_____

Temos muito o que fazer

Como você viu, em diferentes épocas e lugares o uso de linguagens distintas foi importante para a comunicação humana.

No passado, diversos materiais foram produzidos em linguagem oral (entrevistas, depoimentos), escrita (livros, cartas, documentos) e artística (pinturas, esculturas, monumentos). Hoje em dia esses materiais são usados como fontes de pesquisa em História.

Muitas dessas fontes revelam visões distintas sobre um mesmo assunto, ou seja, elas mostram a opinião de quem as produziu.

Assim, percebemos que, no passado, as pessoas enxergavam de formas diferentes os problemas de seu cotidiano, assim como hoje em dia. Observe as imagens.

Pessoa em situação de rua. Curitiba, Paraná, 2017.

Lixo descartado na Represa Billings. São Paulo, São Paulo, 2014.

Criança faz malabares em avenida. Manaus, Amazônia, 2017.

Pessoas aguardam em fila o atendimento no posto de saúde. Bom Jesus da Lapa, Bahia, 2014.

1. Que problemas você identifica em cada uma das imagens mostradas?

   Imagem 1: _____.

   Imagem 2: _____.

   Imagem 3: _____.

   Imagem 4: _____.

2. Reúna-se com dois colegas e, juntos, pesquisem nos jornais de seu município manchetes sobre temas ligados aos elementos retratados nas imagens. Recorte-as e cole-as em uma folha de papel avulsa.

3. Em casa, converse com seus familiares e descubra quais temas atuais estão relacionados ao dia a dia e são importantes para a vida de vocês. Registre a resposta no espaço a seguir.

   _____
   _____
   _____
   _____

4. Com um colega, escolha uma das imagens da página anterior e escrevam um texto sobre a situação retratada do ponto de vista de vocês. Registre o texto no espaço a seguir.

   _____
   _____
   _____
   _____
   _____
   _____

◈ Visões sobre a fome

A fome é um problema que, atualmente, afeta milhões de pessoas no mundo inteiro.

As pessoas atingidas pela fome desenvolvem uma doença chamada subnutrição. Em todo o mundo, a subnutrição preocupa governantes e cientistas de diversas áreas do conhecimento.

Os estudos sobre as causas da fome estão registrados em livros, revistas e jornais científicos.

O gráfico a seguir revela o resultado de um desses estudos.

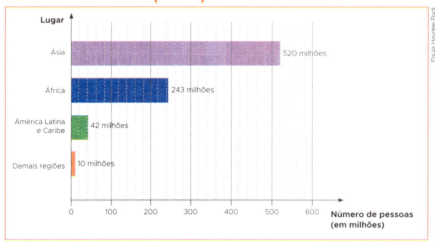

Fonte: A fome volta a crescer no mundo, afirma novo relatório da ONU. *FAO*, 15 set. 2017. Disponível em: <https://nacoesunidas.org/onu-apos-uma-decada-de-queda-fome-volta-a-crescer-no-mundo/>. Acesso em: 15 maio 2018.

1. Reúna-se com um colega e, sob orientação do professor, façam uma pesquisa e expliquem o que é subnutrição.

_____
_____
_____
_____

2. Some os números dados pelo gráfico e descubra quantas pessoas podem ser atingidas por essa doença nas regiões pesquisadas.

_____

Escritos sobre a fome

Diversos livros foram publicados com o objetivo de divulgar ideias sobre a causa da fome no mundo. Uma das publicações mais conhecidas foi escrita pelo pesquisador inglês Thomas Malthus em 1798.

Segundo Malthus, a população mundial cresceria mais que a quantidade de alimentos disponíveis, o que provocaria um grande problema de fome no mundo. Essa ideia chegou a ser defendida por muitas pessoas na época.

Atualmente, no entanto, estudiosos como o brasileiro Roberto Luiz do Carmo afirmam que a causa da fome está ligada à má distribuição de alimentos, pois, com a aplicação de novas tecnologias na agricultura, há alimentos suficientes para todas as pessoas do mundo.

Rua comercial na cidade de São Paulo, São Paulo, 2016.

Colheita de soja na área rural de Formosa do Rio Preto, Bahia, 2017.

1. Retire do texto a informação que indica que há muito tempo já se pensava sobre o problema da fome.

2. Você concorda com alguma das ideias citadas no texto? Por quê?

Desperdício de alimentos

Há órgãos de pesquisa que afirmam que uma das principais causas da fome no mundo está relacionada ao desperdício de alimentos.

Em 2013, um órgão chamado Instituto de Engenharia Alimentar, do Reino Unido, publicou uma pesquisa que afirmava que quase metade do alimento produzido no mundo é desperdiçada.

Diversos outros estudos sobre esse tema foram realizados, e os resultados foram divulgados de diferentes formas. Observe as imagens.

Notícia publicada no *site* das Nações Unidas no Brasil em 11 nov. 2017.

Abertura do documentário *Cultura do desperdício*, produzido pela Conteúdos Diversos em parceria com a ONG Banco de Alimentos, 2017.

Cartaz de campanha de combate ao desperdício de alimentos produzido pela Universidade Tecnológica Federal do Paraná em parceria com o movimento Slow Food, 2017.

1. Escreva que tipo de fonte histórica cada imagem mostra.

   Imagem 1: _____.

   Imagem 2: _____.

   Imagem 3: _____.

2. Leia o texto a seguir.

   Você sabia que nós produzimos comida suficiente para alimentar toda a humanidade, porém mais de 1 bilhão de pessoas passam fome no mundo? Essa situação se explica, em parte, por causa do desperdício. Só no Brasil, 1/3 dos alimentos são desperdiçados.

   Desperdício de alimento e fome: entenda essa relação. *EBC*. Disponível em: <www.ebc.com.br/infantil/voce-sabia/2016/07/desperdicio-de-alimento-e-fome-entenda-essa-relacao>. Acesso em: 15 maio 2018.

   - Agora comente com o professor e os colegas o que você entendeu sobre o texto.

3. Com três colegas, escolham uma das imagens da página anterior e criem um texto que explique a mensagem retratada nela. Registre o texto no espaço a seguir

   _____

   _____

   _____

   _____

   _____

   _____

   _____

   _____

🔸 Criança e cidadania

O respeito aos direitos conquistados é muito importante para o bem-estar dos cidadãos.

As crianças, por exemplo, têm seus direitos garantidos no Estatuto da Criança e do Adolescente.

Sobre esses direitos, leia o texto a seguir.

O trabalho no Brasil é proibido para menores de 14 anos e, desta idade até os 15 anos, só é permitido na condição de aprendiz. Entre os 16 e 17 anos o trabalho é liberado, desde que não comprometa a atividade escolar e que não ocorra em condições **insalubres** e com jornada noturna.

Insalubre: que não é saudável.

Menor de 14 anos não pode trabalhar no Brasil. *Governo do Brasil*. Disponível em: <www.brasil.gov.br/cidadania-e-justica/2009/11/menor-de-14-anos-nao-pode-trabalhar-no-Brasil>. Acesso em: 15 maio 2018.

1. O que o texto afirma sobre o trabalho infantil no Brasil?

_____
_____
_____

2. Com a ajuda do professor, consulte o Estatuto da Criança e do Adolescente (ECA), identifique o item que proíbe o trabalho infantil e escreva o que você entendeu sobre ele.

_____
_____
_____
_____
_____
_____

O trabalho infantil

Observe as imagens.

Crianças em lixão. Paulo Afonso, Bahia, 2015.

Menino ara a terra. Pomerode, Santa Catarina, 2016.

Cartaz da campanha contra o trabalho infantil promovida pelo Fórum Nacional de Prevenção e Erradicação do Trabalho Infantil, 2015.

1. Que diferenças você observa entre o texto da página anterior e as imagens 1 e 2?

_____
_____
_____

2. Qual é a relação entre o texto da página anterior e a imagem 3?

_____
_____
_____

Direito não tem idade

O Estatuto do Idoso é destinado a regular os direitos assegurados às pessoas com idade igual ou superior a 60 anos.

A Lei nº 10.741, de 1º de outubro de 2003, que institui o Estatuto do Idoso, dispõe sobre papel da família, da comunidade, da sociedade e do Poder Público de assegurar ao idoso, com absoluta prioridade, a efetivação do direito à vida, à saúde, à alimentação, à educação, à cultura, ao esporte, ao lazer, ao trabalho, à cidadania, à liberdade, à dignidade, ao respeito e à convivência familiar e comunitária.

Estatuto do idoso. *Ministério dos Direitos Humanos*. Disponível em: <www.sdh.gov.br/assuntos/pessoa-idosa/legislacao/estatuto-do-idoso>. Acesso em: 15 maio 2018.

1. De acordo com o texto, quais são os direitos dos idosos?

2. Esses direitos estão registrados em que documento?

3. Com a ajuda do professor, consulte o Estatuto da Criança e do Adolescente e escreva os direitos que estão assegurados às crianças que também são assegurados aos idosos.

4. Observe as imagens e faça o que se pede.

Pessoa em situação de rua. Rio de Janeiro, Rio de Janeiro, 2014.

Fila de pessoas aguardando atendimento em unidade de saúde. São Paulo, São Paulo, 2016.

Criança oferece lugar a idoso em transporte coletivo. São Paulo, São Paulo, 2016.

a) Que tipo de relação há entre as imagens e os direitos dos idosos?

_____

_____

_____

b) Converse com uma pessoa da sua família ou alguém de seu convívio que tenha mais de 65 anos e verifique quais direitos dos idosos são respeitados e quais não são no dia a dia dela.

_____

_____

Construir um mundo melhor

Campanha contra o desperdício de alimentos na escola

Você e os colegas já sabem que uma das causas da fome é o desperdício de alimentos.

Em todo o Brasil há programas em várias áreas que orientam como evitar o desperdício.

Leia o texto a seguir para conhecer um deles.

[...]

Mesa Brasil Sesc

Um dos programas pioneiros no tema, o Mesa Brasil Sesc é uma rede nacional de bancos de alimentos contra a fome e o desperdício. Criado inicialmente em São Paulo, em 1994, seu objetivo é contribuir para a promoção da cidadania e a melhoria da qualidade de vida de pessoas em situação de pobreza, em uma perspectiva de inclusão social.

O Programa Mesa Brasil é formado por uma rede que busca alimentos onde sobram e entrega onde faltam, além de atuar no atendimento de vítimas de eventos naturais. De um lado, contribui para a diminuição do desperdício, e de outro, reduz a condição de insegurança alimentar de crianças, jovens, adultos e idosos.

O Mesa Brasil Sesc vem apresentando resultados significativos. De janeiro a abril deste ano [2016], já foram distribuídos 12 331 528 kg de alimentos, o que representa 27,71% da meta de 44 494 225 kg. São 1 599 414 pessoas atendidas por dia, 60 097 533 refeições complementadas, 3 087 empresas parceiras (doadores sistemáticos), 88 unidades em funcionamento em todo o Brasil e 480 cidades na abrangência.

Só no estado do Maranhão foram distribuídas 2 570 360 refeições para 94 instituições que atendem creches, asilos e casas de apoio, entre outras.

Sempre alimentos aptos para consumo. Segundo Roberta Ribeiro, coordenadora do programa no estado, neste ano houve um recuo nas doações. "Mas isso não é encarado de forma negativa. O que temos percebido é que principalmente supermercados e grandes empresas têm feito um maior controle para o manuseio correto dos alimentos, revendo suas rotinas e adotando novos procedimentos, o que acaba diminuindo o desperdício", explicou ela. "Isso é positivo, pois ministramos treinamentos e oficinas, tanto para quem doa como para quem recebe, sobre a melhor forma de manusear e conservar os alimentos, exatamente com esse intuito".

[...]

Marta Moraes. Programas evitam desperdício de alimentos. *Ministério do Meio Ambiente*, 13 jun. 2016. Disponível em: <www.mma.gov.br/index.php/comunicacao/agencia-informma?view=blog&id=1666>. Acesso em: 15 maio 2018.

O projeto Mesa Brasil é um exemplo de que é possível combater o desperdício de alimentos.

1. Você e os colegas também podem criar uma campanha contra o desperdício de alimentos na escola.

   Para isso sugerimos que, em grupos, façam um cartaz com uma ou mais frases de alerta contra o desperdício de alimentos.

   Esse cartaz pode ser feito em uma cartolina e fixado no espaço da escola reservado para a alimentação dos alunos.

   Nas frases vocês podem utilizar algumas das seguintes palavras:

prato	alimentos	quantidade
suficiente	encher	colocar
refeição	lanches	exagerar
comida	muita	pouca
muito	pouco	desperdiçar
arroz	feijão	leite
fruta	carnes	ovos

133

Giramundo

Diferentes maneiras de ver o Brasil

Os mapas e fotografias são importantes fontes históricas. Olhar para o Brasil sob a perspectiva de diferentes fontes pode nos dar a possibilidade de conhecer o país de maneiras diversas.

Como você enxerga o Brasil?

Você pode ver o Brasil assim:

Brasil: político

Fonte: *Atlas geográfico escolar*. 7. ed. Rio de Janeiro: IBGE, 2016. p. 90.

Pode também ver seu país assim:

Território brasileiro destacado por computador em imagem de satélite.

134

Existem ainda outras maneiras de você reconhecer o Brasil.

Porto de Manaus, Amazonas, 2017.

Rua no bairro do Pelourinho. Salvador, Bahia, 2017.

Criação de gado e gerador de parque eólico. Santa Vitória do Palmar, Rio Grande do Sul, 2017.

Praia de Ipanema. Rio de Janeiro, Rio de Janeiro, 2016.

Depois de observar as imagens, responda:

1. O que é o Brasil para você?

___

2. O que é ser brasileiro para você?

___

3. Como você descreveria o lugar onde mora?

___

Retomada

1. Escreva a letra **F** para as frases falsas e **V** para as frases verdadeiras.

☐ O uso de diferentes linguagens possibilita uma diversidade de fontes históricas.

☐ Cidadania e direitos humanos são temas importantes ligados ao seu dia a dia.

☐ As causas da fome no mundo não estão relacionadas ao desperdício de alimentos.

☐ As visões sobre as causas da fome no mundo são várias e apresentadas de diferentes formas.

2. Qual é a relação entre fome e subnutrição?

_____
_____
_____
_____
_____

3. Escreva o que é incorreto na frase a seguir.

> A fome atinge milhões de pessoas, mas esse problema não existe na América Latina.

_____
_____
_____

136

4. Quais são os principais aspectos que definem a proibição do trabalho infantil no Brasil?

_____
_____
_____
_____

5. Aponte algumas atitudes que você observa no seu dia a dia e nos noticiários que desrespeitam os direitos conquistados pelos idosos.

_____
_____
_____
_____

6. De acordo com o Estatuto do Idoso, qual é o papel do poder político em relação aos idosos?

_____
_____
_____
_____

7. Em que documentos os estudos sobre as causas da fome estão registrados?

_____
_____
_____

Periscópio

Para ler

Onde tem bruxa tem fada..., de Bartolomeu Campos Queirós. São Paulo: Moderna, 2002.
O livro propõe uma reflexão sobre os problemas causados pelo consumo exagerado e descontrolado.

A força da vida, de Giselda Laporta Nicolelis. São Paulo: Moderna, 2002.
Essa é a história de uma menina cheia de sonhos que, junto com sua grande família, vive de maneira muito simples em uma favela.

Chico Papeleta e a reciclagem de papel, de Nereide Schilaro Santa Rosa. São Paulo: Moderna, 2006.
Proteção ambiental e cidadania são os temas abordados na história de Chico, um menino de papel.

UNIDADE 8

Tempo e memória

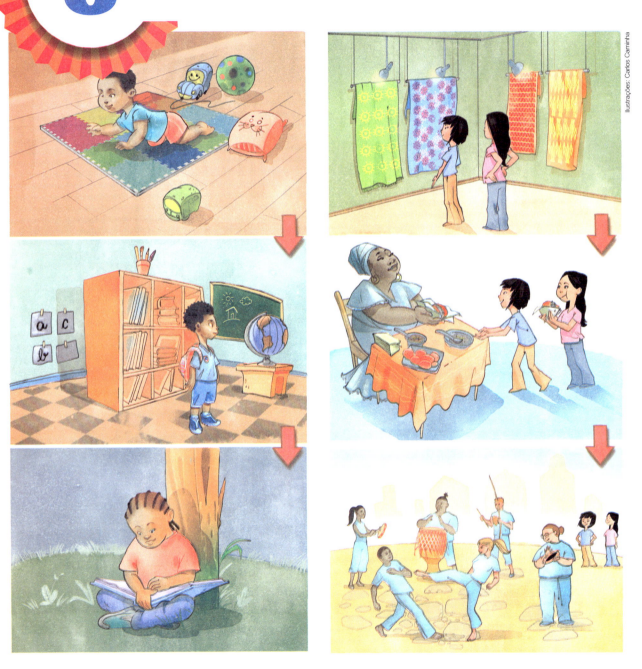

1. Qual das narrativas está relacionada ao tempo cronológico? Qual delas está ligada à memória?

◈ O tempo cronológico

A forma mais simples de perceber o tempo é observando a natureza: a sucessão de dias e noites, o ciclo de vida das plantas e dos animais, as estações do ano, as alterações em nosso corpo com o passar dos anos etc.

Mas o que é tempo cronológico? Como ele está presente em sua vida?

Você já sabe que o tempo cronológico é aquele que está ligado às horas, aos dias, às semanas, aos meses, aos anos e aos séculos.

No dia a dia, você utiliza diferentes instrumentos – entre eles, os relógios – para marcar o tempo e organizar suas atividades.

Despertador com relógio digital.

Relógio analógico.

Smartphone com relógio digital.

Painel de automóvel com relógio digital.

1. Qual dos modelos de relógio retratados nas imagens você costuma utilizar?

_____

_____

Os calendários

Há sinais, pistas e indícios de que os seres humanos se preocupavam em marcar o tempo desde quando eram nômades e buscavam abrigo e proteção em cavernas.

Para organizar as tarefas cotidianas e marcar o tempo, os primeiros povos elaboraram os calendários.

O calendário utilizado atualmente no Brasil, por exemplo, é conhecido como calendário gregoriano. Ele foi estabelecido em 1582 pelo papa Gregório XIII, que o implementou em substituição ao calendário juliano, utilizado desde o período do Império Romano.

Os calendários são elaborados com base nas necessidades de cada sociedade, pois nem todas usam calendários ou contam o tempo da mesma maneira. Eles são organizados de acordo com os conhecimentos, crenças, costumes e formas de organização das sociedades que os criaram.

1. Com a orientação do professor, observe um calendário deste ano. Escolha um mês que considere especial. Escreva o nome dele e por que ele é importante para você.

Mês:

O tempo e a história

Qual é a importância do tempo para a História?

O tempo histórico é diferente do tempo cronológico?

Desde a primeira unidade deste livro, você conheceu os modos de vida e a organização social, política e cultural de alguns povos antigos. Você também estudou os diversos acontecimentos importantes na história de cada um deles.

O tempo histórico está relacionado aos acontecimentos que marcaram os povos, os países, em suma, a vida humana em sociedade.

Outro elemento que caracteriza o tempo histórico é a **simultaneidade**. Por exemplo, alguns grupos humanos desenvolveram a agricultura há mais de 10 mil anos, enquanto outros grupos que viveram no mesmo momento permaneceram como caçadores e coletores.

> **Simultaneidade:** qualidade daquilo que ocorre ou é feito ao mesmo tempo.

Leia o texto:

> [...] Apesar de concebermos a linha do tempo como se fosse uma régua que, em vez de centímetro, é dividida em séculos, diferentes civilizações e diferentes culturas foram se desenvolvendo e se transformando simultaneamente em vários locais com um avanço aqui e outro ali.
>
> Além disso, é preciso lembrar que o tempo da história não é meramente cronológico, isto é, não ocorre apenas na forma de um dia após o outro. Há ritmos diversos, há continuidades e descontinuidades.
>
> Lilian Lisboa Miranda e Silmara Rascalha Casadei. *Qual a história da História?* São Paulo: Cortez, 2010. p. 41-42. (Coleção Tá Sabendo?).

1. Explique o que você entende por tempo histórico.

_____

_____

_____

_____

Outro exemplo de simultaneidade

Atualmente, na cidade de Atenas, capital da Grécia, há inúmeras ruínas. Uma delas é a Acrópole. No passado, as acrópoles eram símbolos do desenvolvimento das cidades-Estado gregas.

Enquanto no ano de 500 a.C., cidades-Estado como Atenas viviam um período de desenvolvimento artístico, cultural e de conquistas de riquezas, a sociedade do Antigo Egito enfrentava dificuldades, como a falta de compradores para seus produtos agrícolas, guerras e disputas ligadas ao governo.

A Acrópole de Atenas era o centro dessa cidade grega. Construída no ponto mais elevado, servia para proteger a cidade contra invasores. Atualmente, só há ruínas desse local, que se mantém como espaço da memória dos antigos gregos e é Patrimônio da Humanidade.

1. De acordo com o texto, o que acontecia no ano de 500 a.C. em Atenas e no Egito?

_____

_____

A contagem do tempo

Contar o tempo é uma prática das sociedades humanas. Porém, você já sabe que a contagem do tempo não é igual para todos.

Para algumas sociedades, a contagem do tempo e a criação do calendário receberam influências da religião, como no caso de hebreus, muçulmanos e cristãos.

Calendário em hebraico, escrito pelo escriba Benjamin entre 1278 e 1298. Os judeus (antigos hebreus) contam o tempo a partir da criação do Universo, que para eles foi formado há cerca de 6 mil anos.

Divisões do ano. Ilustração de livro islâmico escrito por Zakariyaibn Muhammed al-Qazwini no século XIV. Os muçulmanos contam o tempo a partir de 622, ano em que o profeta Maomé saiu da cidade de Meca para a cidade de Iatreb, considerada sagrada por eles.

1. Reúna-se com três colegas, sigam as orientações do professor e, juntos, façam uma pesquisa sobre as principais características da religião judaica ou da islâmica.

O tempo para os povos da América

Para alguns povos que viviam na América antes da chegada dos europeus em 1492, entre eles os astecas, o tempo era cíclico. Os astecas acreditavam que a vida humana se passava dentro de um ciclo que começava e terminava sempre no mesmo ponto.

Já para os tupis, que viviam no litoral do atual Brasil antes de 1500, a contagem do tempo estava ligada aos movimentos do Sol, da Lua e das estrelas.

Para os tupis, esses movimentos estavam relacionados aos eventos **meteorológicos** que ocorrem ao longo do ano, como os períodos de chuva, seca, calor e frio.

Até hoje os calendários de alguns povos indígenas marcam o tempo de acordo com as atividades agrícolas, o período de floração e frutificação das plantas, a reprodução dos peixes e de outros animais.

Meteorológico: relativo à previsão do tempo.

Calendário asteca criado em c. 1450.

1. Com base na observação de quais elementos os povos indígenas que ocupavam o litoral brasileiro antes de 1500 criaram seus calendários?

_____

_____

O calendário cristão

Os cristãos organizaram seu calendário a partir do nascimento de Jesus Cristo.

De acordo com o calendário cristão, a contagem do tempo se divide entre os acontecimentos que ocorreram com os diversos grupos e sociedades humanas antes e depois do nascimento de Jesus Cristo.

Para os acontecimentos anteriores ao nascimento de Jesus Cristo usa-se a sigla a.C. e para os posteriores, a sigla d.C.

Podemos dizer, por exemplo, que "no século V a.C., desenvolveu-se na Grécia a democracia ateniense". No entanto, a sigla d.C. raramente é utilizada como marcação temporal.

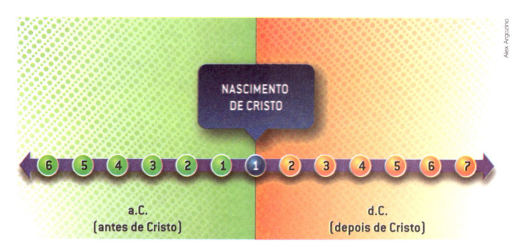

Entrada do sítio histórico e arqueológico da antiga cidade de Persépolis, capital do Império Persa no século V a.C. Xiraz, Irã.

Mês de julho. Iluminura de Simon Bening para o *Livro de horas*, 1515.

A contagem dos séculos

Você já sabe que uma semana tem sete dias, um mês equivale a 30 ou 31 dias (exceto fevereiro, que tem 28 dias e, em ano bissexto, 29) e um ano tem 12 meses. E um século, você sabe quantos anos tem?

Um século tem 100 anos.

No calendário cristão, o ano 0 corresponde ao nascimento de Jesus Cristo. A partir do ano 1 até o ano 100, temos o século 1, que também pode ser grafado em algarismo romano: I.

Do ano 101 ao 200, temos o século II, e assim por diante.

1. Escreva os séculos correspondentes aos anos.

    a) 2001

    século _____

    b) 1995

    século _____

    c) 1814

    século _____

    d) 415

    século _____

    e) 900

    século _____

    f) 300

    século _____

    g) 1640

    século _____

    h) 2019

    século _____

2. Escreva um texto que explique as diferenças entre os calendários judaico, cristão e muçulmano.

    _____
    _____
    _____
    _____
    _____
    _____

Isto é documento

Os períodos da História

Para facilitar o estudo da História, os historiadores criaram uma linha do tempo dividida em períodos.

Muitos podem ser os critérios para fazer essa divisão. Os mais conhecidos, porém, foram elaborados no século XIX por estudiosos europeus, com base no passado de sua própria sociedade.

Segundo os critérios desses estudiosos, os grandes períodos da História são:

1. Em que período da História ocorreu a formação dos primeiros grupos humanos?

_____

148

2. De acordo com a linha do tempo e com o calendário cristão, quais períodos da História estão localizados no tempo antes de Cristo?

_____

_____

3. O calendário muçulmano começa no ano 622 do calendário cristão. A qual período da História esse ano corresponde?

_____

4. De acordo com a linha do tempo, em qual período da História você nasceu?

_____

5. Desenhe sua linha do tempo no espaço a seguir. Destaque os principais momentos de sua vida e localize no tempo cada um deles.

Os monumentos e a memória

Nas diferentes regiões do mundo, é possível identificar registros que contam ou representam momentos históricos de diversas sociedades.

Observe as imagens.

Pirâmide maia de Uxmal. Yucatán, México.

Antiga cidade de Machu Picchu. Cusco, Peru.

Arco do Triunfo. Paris, França.

Abadia de Westminster. Londres, Inglaterra.

1. Com a ajuda do professor, pesquise com os colegas, no *site* do governo do estado onde moram, um monumento que faça parte da história de seu estado.

2. Com base na pesquisa que você fez na atividade anterior, escreva um texto sobre a história do monumento que você escolheu.

3. Com a ajuda do professor, registre ao lado de cada monumento histórico retratado nesta página e na anterior qual é a memória que ele guarda da sociedade de que faz parte.

151

Leio e compreendo

Memórias do Brasil

Leia a seguir o texto sobre os patrimônios culturais brasileiros.

O Patrimônio Cultural pode ser definido como um bem (ou bens) de natureza material e imaterial considerado importante para a identidade da sociedade brasileira.

Segundo artigo 216 da Constituição Federal, configuram patrimônio "as formas de expressão; os modos de criar; as criações científicas, artísticas e tecnológicas; as obras, objetos, documentos, edificações e demais espaços destinados às manifestações artístico-culturais; além de conjuntos urbanos e sítios de valor histórico, paisagístico, artístico, arqueológico, **paleontológico**, ecológico e científico".

No Brasil, o Instituto do Patrimônio Histórico e Artístico Nacional (Iphan) é responsável por promover e coordenar o processo de preservação e valorização do Patrimônio Cultural Brasileiro, em suas dimensões material e imaterial.

Os bens culturais imateriais estão relacionados aos saberes, às habilidades, às crenças, às práticas, ao modo de ser das pessoas. Desta forma podem ser considerados bens imateriais: conhecimentos enraizados no cotidiano das comunidades; manifestações literárias, musicais, plásticas, cênicas e lúdicas; rituais e festas que marcam a vivência coletiva da religiosidade, do entretenimento e de outras práticas da vida social; além de mercados, feiras, santuários, praças e demais espaços onde se concentram e se reproduzem práticas culturais.

Na lista de bens imateriais brasileiros estão a festa do Círio de Nossa Senhora de Nazaré, a Feira de Caruaru, o Frevo, a capoeira, o modo artesanal de fazer Queijo de Minas e as matrizes do Samba no Rio de Janeiro.

Feira de Caruaru. Caruaru, Pernambuco, 2013.

O patrimônio material é formado por um conjunto de bens culturais classificados segundo sua natureza: arqueológico, paisagístico e **etnográfico**; histórico; belas-artes; e das artes aplicadas.

> **Etnográfico:** relativo à etnografia (estudo dos povos).
> **Paleontológico:** relativo à paleontologia (estudo dos fósseis).

Eles estão divididos em bens imóveis – núcleos urbanos, sítios arqueológicos e paisagísticos e bens individuais – e móveis – coleções arqueológicas, acervos museológicos, documentais, bibliográficos, arquivísticos, videográficos, fotográficos e cinematográficos.

Entre os bens materiais brasileiros estão os conjuntos arquitetônicos de cidades como Ouro Preto (MG), Paraty (RJ), Olinda (PE) e São Luís (MA) ou paisagísticos, como Lençóis (BA), Serra do Curral (Belo Horizonte), Grutas do Lago Azul e de Nossa Senhora Aparecida (Bonito, MS) e o Corcovado (Rio de Janeiro).

Conheça as diferenças entre patrimônios materiais e imateriais. *Governo do Brasil*, 31 out. 2009. Disponível em: <www.brasil.gov.br/cultura/2009/10/conheca-as-diferencas-entre-patrimonios-materiais-e-imateriais>. Acesso em: 15 maio 2018.

Centro histórico de Olinda, Pernambuco.

1. Explique o que é Patrimônio Cultural Material.

_____

_____

2. Grife os patrimônios materiais brasileiros destacados no texto.

153

Giramundo

Mapa: tempo e memória

Os mapas também revelam as visões sobre o mundo das sociedades em diferentes tempos.

Observe o mapa a seguir, elaborado no ano de 1507 pelo cartógrafo alemão Martin Waldseemüller.

Planisfério de Martin Waldseemüller (1507). Gravura, 22,5 cm × 12,5 cm.

Esse mapa é considerado por historiadores e geógrafos um dos mais importantes da Cartografia, pois foi a primeira vez que o continente americano apareceu em um mapa com seu nome: América.

Além disso, o mapa retrata integralmente o hemisfério ocidental. Nele é possível observar o litoral brasileiro do nordeste até o Trópico de Capricórnio.

O tempo e a Cartografia

Há milhares de anos, o ser humano registra sua passagem por diversos lugares usando diferentes fontes. Atualmente, a Cartografia utiliza recursos como fotografias aéreas, de satélite, entre outros, que fornecem inúmeras informações para a elaboração de mapas.

Observe o planisfério do mundo atual:

Planisfério: político

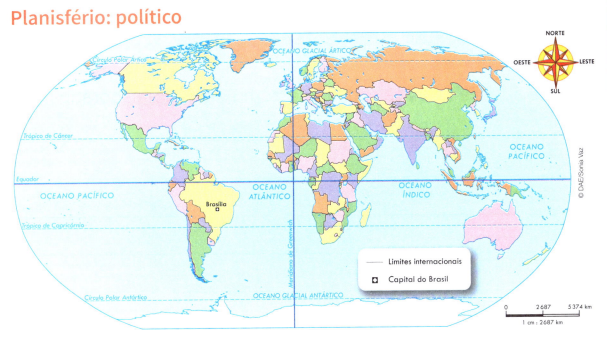

Fonte: *Atlas geográfico escolar*. 7. ed. Rio de Janeiro: IBGE, 2016. p. 32.

1. Preencha o quadro a seguir e destaque as semelhanças e as diferenças que você observa entre os mapas.

Semelhanças	Diferenças
_____	_____
_____	_____
_____	_____
_____	_____
_____	_____

155

Retomada

1. O que é tempo cronológico?

   _____
   _____
   _____
   _____

2. Qual é a função dos calendários e como eles são elaborados?

   _____
   _____
   _____
   _____
   _____
   _____

3. Pinte os quadros que se relacionam ao tempo histórico.

   | acontecimentos que marcaram os povos |

   | calendários |

   | acontecimentos que marcaram a vida humana em sociedade |

   | contagem do tempo |

   | simultaneidade |

4. Escreva **F** nas frases falsas e **V** nas verdadeiras.

☐ No calendário cristão, a contagem do tempo divide-se entre os acontecimentos que ocorreram antes e depois do nascimento de Jesus Cristo.

☐ Para organizar as tarefas do dia a dia e marcar o tempo, os primeiros povos elaboraram a agenda.

☐ Os pesquisadores descobriram sinais e pistas de que os seres humanos já se preocupavam em marcar o tempo desde quando ainda eram nômades e buscavam abrigo e proteção em cavernas.

☐ Não temos como identificar registros de memória que contam ou representam momentos históricos de diversas sociedades.

5. Reformule as frases consideradas falsas na atividade anterior, de maneira que se tornem verdadeiras.

_____
_____
_____
_____
_____
_____

6. Explique a finalidade da linha do tempo.

_____
_____
_____
_____

Periscópio

Para ler

Vamos ao museu?, de Nereide Schilaro Santa Rosa e Neusa Schilaro Scaléa, São Paulo: Moderna, 2013.
Livro que traz diversas informações e curiosidades sobre museus, que são espaços para preservação, estudo e exposição de objetos históricos.

Eu e o tempo, de Bia Bedran. São Paulo: Nova Fronteira, 2014.
História das descobertas e reflexões de uma menina que decide escrever uma redação sobre o tempo.

Poemas empoleirados no fio do tempo, de Neusa Sorrenti. São Paulo: Autêntica, 2013.
Um livro de poesias que aborda a temática do passar do tempo, a contagem do tempo com o uso do calendário.

O menino que quebrou o tempo, de José M. Monteiro. São Paulo: Scipione, 2015.
Um garoto curioso resolve descobrir como uma ampulheta funciona; porém, ao quebrá-la, todos os relógios param de funcionar. Sem a contagem do tempo, tudo vira confusão.

Referências

ALMEIDA, Rosangela Doin. *Do desenho ao mapa*: iniciação cartográfica na escola. 2. ed. São Paulo: Contexto, 2003. (Caminhos da Geografia).

ANTUNES, Celso. *Novas maneiras de ensinar, novas formas de aprender*. Porto Alegre: Artmed, 2002.

ARENDT, Hanna. *A condição humana*. 10. ed. Rio de Janeiro: Forense Universitária, 2005.

ARIÈS, Philippe. *A história social da criança e da família*. Rio de Janeiro: LTC, 1981.

BECKER, Fernando. *Educação e construção do conhecimento*. Porto Alegre: Artmed, 2001.

BITTENCOURT, Circe Maria Fernandes. *Ensino de História*: fundamentos e métodos. São Paulo: Cortez, 2005.

_____ (Org.). *O saber histórico na sala de aula*. São Paulo: Contexto, 2006.

BORGES, Vavy Pacheco. *O que é história*. 12. ed. São Paulo: Brasiliense, 1987.

BRASIL. MEC. SEB. Dicei. *Diretrizes Curriculares Nacionais Gerais da Educação Básica*. Brasília, 2013.

_____. MEC. *Base Nacional Comum Curricular*. Brasília, 2017. Versão 3.

BUENO, Eduardo. *Brasil, uma história*: a incrível saga de um país. 2. ed. São Paulo: Ática, 2003.

CARR, Edward Hallet. *Que é história?* Rio de Janeiro: Paz e Terra, 1978.

COLL, César; MARTÍN, Elena. *Aprender conteúdos e desenvolver capacidades*. Porto Alegre: Artmed, 2003.

DE ROSSI, Vera Lúcia Salles; ZAMBONI, Ernesta (Org.). *Quanto tempo o tempo tem*. Campinas: Alínea, 2003.

DIMENSTEIN, Gilberto. *O cidadão de papel*. 20. ed. São Paulo: Ática, 2003. (Discussão Aberta).

FAUSTO, Boris. *História do Brasil*. 9. ed. São Paulo: Edusp, 2001.

HERNANDEZ, Leila Maria Gonçalves Leite. *A África na sala de aula*: visita à História Contemporânea. São Paulo: Selo Negro, 2005.

HOLANDA, Sérgio Buarque. *Raízes do Brasil*. 16. ed. Rio de Janeiro: José Olympio, 1983.

IMBERNÓN, Francisco (Org.). *A educação no século XXI*: os desafios do futuro imediato. Porto Alegre: Artmed, 2000.

LE GOFF, Jacques. *A história nova*. 4. ed. São Paulo: Martins Fontes, 2001.

LOURENÇO, Conceição. *Racismo*: a verdade dói. Encare. São Paulo: Terceiro Nome; Mostarda Editora, 2006.

MACEDO, José Rivair. *História da África*. São Paulo: Contexto, 2015.

MATTOS, Regiane Augusto de. *História e cultura afro-brasileira*. 2. ed. São Paulo: Contexto, 2016.

MESGRAVIS, Laima; PINSKY, Carla Bassanezi. *O Brasil que os europeus encontraram*: a natureza, os índios, os homens brancos. 2. ed. São Paulo: Contexto, 2016.

MIRANDA, Lilian Lisboa. *Qual a história da História?* São Paulo: Cortez, 2010.

MONTENEGRO, Antônio Torres. *História oral e memória*: a cultura popular revisitada. 6. ed. São Paulo: Contexto, 2013.

MORIN, Edgar. *A cabeça bem-feita*: repensar a reforma, reformar o pensamento. Rio de Janeiro: Bertrand Brasil, 2000.

_____. *Os sete saberes necessários à educação do futuro*. São Paulo: Cortez; Brasília: Unesco, 2000.

MOYLES, Janet R. et al. *A excelência do brincar*. Porto Alegre: Artmed, 2005.

NOVAIS, Fernando A.; ALENCASTRO, Luiz Felipe (Org.). *História da vida privada no Brasil*: Império. São Paulo: Companhia das Letras, 1997.

_____; SCHWARCZ, Lilia Moritz (Org.). *História da vida privada no Brasil*: contrastes da intimidade contemporânea. São Paulo: Companhia das Letras, 1997.

_____; SEVCENKO, Nicolau (Org.). *História da vida privada no Brasil*: República, da Belle Époque à Era do Rádio. São Paulo: Companhia das Letras, 1997.

NOVAIS, Fernando A.; SOUZA, Laura de Mello (Org.). *História da vida privada no Brasil*: cotidiano e vida privada na América portuguesa. São Paulo: Companhia das Letras, 1997.

PERRENOUD, Philippe. *Dez novas competências para ensinar*. Porto Alegre: Artmed, 2000.

_____ et al. *As competências para ensinar no século XXI*: a formação dos professores e o desafio da avaliação. 10. ed. Rio de Janeiro: Forense Universitária, 2005.

PIAGET, Jean. *A formação do símbolo na criança*: imitação, jogo, sonho, imagem e representação. Rio de Janeiro: Zahar Editores, 1971.

PINSKY, Carla Bassanezi; DE LUCA, Tania Regina (Org.). *O historiador e suas fontes*. São Paulo: Contexto, 2015.

_____. *Fontes históricas*. 3. ed. São Paulo: Contexto, 2015.

PINSKY, Jaime (Org.). *100 textos de História Antiga*. 10. ed. São Paulo: Contexto, 2017.

_____ (Org.). *As primeiras civilizações*. 25. ed. São Paulo: Contexto, 2016.

_____ (Org.). *Modos de produção na Antiguidade*. São Paulo: Global, 1982.

PRIORE, Mary Del (Org.). *História das crianças no Brasil*. 4. ed. São Paulo: Contexto, 2004.

_____ (Org.). *História das mulheres no Brasil*. 7. ed. São Paulo: Contexto; Unesp, 2004.

SCHMIDT, Maria Auxiliadora; CAINELLI, Marlene. *Ensinar História*. São Paulo: Scipione, 2009.

SODRÉ, Nelson Werneck. *Formação histórica do Brasil*. 14. ed. Rio de Janeiro: Graphia, 2002.

STEAMS, Peter N. *A infância*. São Paulo: Contexto, 2006.

URBAN, Ana Claudia; LUPODNI, Teresa Jussara. *Aprender e ensinar História nos anos iniciais do Ensino Fundamental*. São Paulo: Cortez, 2015.

VIGOTSKY, Lev Semenovich. *A formação social da mente*: o desenvolvimento dos processos psicológicos superiores. 6. ed. São Paulo: Martins Fontes, 1998.

ZABALA, Antoni. *Como trabalhar os conteúdos procedimentais em aula*. 2. ed. Porto Alegre: Artmed, 1999.